소란하게

최아란

역사를 공부하고 광고와 드라마를 만들다 결혼해 아이 기르며 수필을 씁니다. 좋은 글을 쓰고 싶어서 좋은 삶을 살고자 궁궁하는지도 모르겠습니다. 정직한 선배, 건강한 동료, 괜찮은 엄마가 되고 싶어서 아는 것, 믿는 것을 실천하려 애씁니다. 우왕좌왕 부산스럽기도 하겠지만, 글쎄요. 사는 건 원래가 소란한 일 아닐까요.

그림 할로 프라우킴(김효은)

사소한 일상에서 환상의 실오라기를 끄집어 올리는 화가입니다. 먹, 실크스크린, 디지털 등의 다채로운 기법으로 담백한 텍스트를 꿈꾸듯 그려냅니다. 독일과 한국에서 활동하며 현재 홍익대, 한동대 등에 출강하고 있습니다. 서울대에서 박사 공부까지 하면서도 이번 책 작업 즐겁게 임해 주었답니다. 그녀의 더 많은 그림을 감상해보세요. www.hyoeunkim.com

소란하게

최아란
수필집

소소
담담

겨울잠

겨울잠에 빠져 있었습니다. 날카롭게 파고드는 얼음 바람을 피해 가사假死의 수면 속에 나를 매장했습니다.

동면 중에도 이따금 허기를 느낀다지요. 창자가 뒤틀리는 삶의 신호를 무시하며 잠으로 도망쳤습니다. 낮인지 밤인지도 모를 시간들이 어서 뭉텅뭉텅 빠져나가길 빌었습니다. 시간만 흐른다면 어지간한 것들은 거의 아물거나 단념될 테니까요.

한참 만에 몸의 끄트머리가 움찔거리기 시작합니다. 버석이는 뒤꿈치와 웃자란 손톱으로부터 이물감이 느껴집니다. 입술이 달싹이고 귀와 코가 깨어 감각을 뒤척입니다. 제아무리 단단한 슬픔이나 도도한 희열이라도 결국 대단찮은 끄트머리에서부터 부서지기 마련이지요.

목을 축이려 밖으로 나서자 사람이 먼저 보였습니다. 그 살내음 더듬거려 본래의 자리에 찾아가 봅니다. 풍화가 한참 되었을 그곳에 아직도 내가 꼭 들어맞는군요. 가족도, 일상도, 헤픈 긍정도 거기 그러고 있었습니다. 지키고 싶던 커다란 열의와 자잘한 실천이 세간마다 손때처럼 분명히 남아 있습니다.

가엽고 어엿한 열심들을 옮겨 두었던 글도 그러하네요. 생태, 여성, 아동과 장애인, 정치적으로 올바른 일에 대해 할 수 있는 걸 찾아내던 소란스러움이 마음을 일으킵니다. 병마를 떼어 내고, 통증보다 깊은 낙담을 소진하며 나는 이 소란함의 부축을 받고 다시 나아가려 합니다.

야단맞고도 엄마 품에 안기는 아이들 좀 보세요. 끈덕지게 들러붙는 이 희망 한번 보라지요. 포기 않고 달려드는 봄 같은 이것.

생은 이렇게 시치미 뚝 떼고 또다시 와글와글 흘러가고 있습니다.

2024년 봄,

다시 집필실에서

차례

2.

3.

4.

1.

조금 유난스럽더라도
기꺼이 열의를 다해야 하는 생태지킴.
사는 건 원래가
소란스러운 일 아니던가요.

소란하게

산 것에서는 소리가 난다. 죽어라 사느라 그렇다. 산 것은 끊임없이 움직이면서 먼지를 일으키고 서로를 밀거나 잡아당긴다. 차분히 확정된 죽음으로부터 멀리 떨어져 있을수록 더 소란스럽다. 서툴고 우왕좌왕하지만 그것은 삶이 분기탱천하여 그런 것이므로, 아기가 걷기 위해 자꾸 넘어지고 다시 서는 것을 누구도 어수선하다 나무라지 않는다.

오늘도 아이들은 부산하다. 꼬챙이 하나 주워 들곤 발 아래 개미 떼의 사무를 감시한다. 흙더미를 파헤쳐 떨어진 열매를 묻는다. 걸음마다 채는 돌멩이를 비틀어 꺼내고, 여기도 있는 꽃을 보러 저기 멀리까지 뛰어간다. 난간을 보면 괜히 올랐다가 도로 내려온다. 앞서거니 뒤서거니 해도 결국 한자리에서 만날 건데 거슬러 달려와 내 옆에 선다. 그러다가 또 주위를 밀거나 당기거나 하며 주체할 수 없는 산 것들이 펄떡거린다. 직선 길을 최단 거리로 곧게 걷는 이는 나뿐이다.

다리가 짧아 더 걷고, 기웃대느라 더 걸은 몸이 출구를 앞에 두고 떠나기 아쉬워 에워간다. 세상은 이런 순정으로 여기까지 왔다. 이런 애정, 이런 열정으로 같은 자리를 또 돌고 또 쓰다듬고 또 헤집다가 새로운 것이 창조되곤 했다. 효율적이니 상식적이니 하는 것들로는 열리지 않는 새 문을 열고 앞으로 나아간다.

여기에서 저기까지 조금 더 빨리 도착하기 위해 산허리를 뚫어 터널을 내곤 한다. 그렇게 삼십 분을 벌어서 우리는 어디에 썼던가. 삼십 분 더 일찍 집에 도착해 쉴 수 있었던가, 아니면 그만큼 더 일을 했던가. 삶터를 잃은 동식물이 생태 피라미드에 미치는 영향을 분석하는 보고서를 썼던가. 길거리 쓰레기를 주우면서 달리는 플로깅 동호회 활동을 할 수 있는 여가를 만들었던가.

최단 거리 철로를 달려온 기차에서 사람들이 내린다. 기백 명, 하루 여러 대 기천 명. 모두가 삼십 분씩 벌어낸 시간들을 한데 모아 작은 모래알 하나라도 만들 수 있으면 좋으련만. 산 것들 곁을 지키고 보살피는 진짜 모래. 이 땅에 사람보다 훨씬 먼저 살아왔고, 사람 떠난 뒤에도 오래도록 살아갈 모래.

손톱 밑은 흙모래로 가득해도 아이 손등은 맑고 보드랍다. 살살 핥으면 녹아 없어질 듯하다. 산 것은 이토록 촉촉하고 무르다. 무른 것은 만지는 대로 모양이 달라질까 조심스럽기도 하지만, 한편으로 다시 만져 바르게 되돌릴 수 있다는 얘기도 된다. 사탕 껍질을 아직 혼자 못 까서 엄마 몰래 먹을 재간도 없는 이 녀석들이 결국엔 세상을 바로 만져 옳게 만들리라 나는 믿고 있다. 효율적이지 않아도 되고 빠르지 않아도 된다. 누구보다 아이들이 그걸 제일 잘 안다.

이십 년 전 장바구니를 들고 다닐 땐 당장 내 친구들부터도 나를 이상하게 여겼다. 왜 그런 불편하고 비효율적인 일을 하느냐고. 이제는 더 번거롭거나 더 비싸거나 더 느리더라도 생태를 위한 선택을 해야 한다는 것을 안다. 사람이 일주일간 섭취하는 미세플라스틱 양이 신용카드 한 장 수준을 넘어섰다. 이상 기후로 빙하가 녹아 해수면이 상승해 2030년이면 인천과 부산 일대가 물에 잠긴다 한다.

케첩 한 통을 다 먹어서 뚜껑까지 깨끗이 씻어 헹군다. 플라스틱 용기에 붙은 라벨 스티커를 떼려는데 아무리 물에 불리고 스펀지로 밀어내도 말끔하니 떨어지질 않는다. 손톱으로 일일이 긁다가 얼굴 화장 지우는 클렌저까지 내온다. 소란한 가운데 아이들이 말한다.

"엄마, 이제 이 케첩은 사지 말자!"

그렇다. 케첩이 아무리 맛있건, 유기농 설탕을 썼건, 믿을 만한 회사건, 용기 디자인이 아름답건 분리수거가 이렇게 어려운 상품은 퇴출되어야 옳은 것이다. 아이들이 그렇게 만든다. 유난스럽게 챙기는 일, 소란스럽게 분주한 일. 산 것이 살자고 하는 일이고, 지치지 않고 해야 하는 일이다.

큰애가 친구들과 해변가 쓰레기를 줍겠다고 나선다. 손 조심하라고 장갑 들려 보낸다.

space out no.6, 29.7x21cm, 먹 드로잉, 디지털 혼합매체, 2020

#테이블 위에서는 어떤 이야기가 오가고 있을까?

사라지고 없는 공룡 이야기는 분명 아닐 것이다.

하지만 테이블 아래에서는 오직 그 하나에 집중한다.

많이 가지고 빨리 도달하고 효율 높은 것 아닌

찬찬히 꿈꾸고 부지런히 사랑하는 것에게 마음을 다한다.

(여섯 살 허상우 어린이와 공동 작업)

불멸의 대가

단언컨대 불멸은 벌이다. 반백 년도 안 살아보고 불멸을 논하는 것도 우스운데 대뜸 흠부터 잡는 나도 참 어지간하다.

그래도 나는 건방지게 살다가 후회든 해탈이든과 함께 이 한몸 소멸할 것이므로 나의 건방은 누적되지 않고, 영생하지 않고, 후대의 발목을 잡고 늘어지지 않는다. 내게는 개운하게 멸할 특권이 있고, 한정판이어서 더 값진 생이 있다. 이런 유한함이 없다면 대차게 헤어지고도 각자의 버스가 오지 않아 난감하게 마주 선 눈물범벅의, 또는 씩씩거리는 연인처럼 민망할 것이다.

진시황이 불로초를 찾아오게 한 것도 태평성대와 무소불위 구축을 위해 시간이나 좀 벌어볼 심산이었지 볼 꼴 못 볼 꼴 다 봐가며 수세기를 견딜 각오까지 한 건 아닐 것이다. 정정한 몸과 정신, 동년배보다 조금 더 뛰어난 활력 정도를 원하는 것이지 조금도 삭지 않는 육체란 오히려 재앙에 가까우리라.

미국이나 유럽에서 가끔 악질 범죄자에게 징역 기백 년 형을 판결하는 것도 이런 재앙의 은유가 아닐까 생각해 본다. 무한에 가까운 시간을 후회와 분노, 낙담과 싸구려 기대가 뒤엉킨 채 살아 보라고 말이다. 죽지도 못하고 죽어서도 안 되는, 긴 세월 고통 받고 후회해야 하는 극형. 형 중에 육체가 소멸하더라도 남은 죄가 탕감되지 못한다는, 타협 없는 경고가 아닐까.

희망이 없어서 '이생망'을 말하는 사람들이 있다. 타

고난 천성을 못 고치고 환경을 못 바꿔서, 또는 실현 불가능한 목표 앞에서 이번 생은 망했노라 탄식한다. 생을 다 건 자조적인 얘기지만 한편으로 생이란 언젠가 멸하고 언제나 또 움트는 법이어서 다음 생, 다음 기회를 바라는 간절함으로도 들린다. 단물이 제대로 들지 못한 사과 알도 수확이라는 죽음을 맞이하면서 더 충만한 다음 생을 노릴지 모른다. 개체 하나하나의 다음 생이란 불확실하여 무의미하나 자연계 전체가 새로운 생들로 끊임없이 이어지는 것은 모두가 겪어 안다. 종말의 그날에도 사과나무에 새 사과가 달려 있을 것임을.

검질긴 생 전체를 하루 소풍에 비한 시인도 있다. 한국인의 금언이 돼 버린 이 비유 덕인지 어릴 때부터 소풍 참 열심히 다녔는데 코로나 시국에는 언감생심이었다. 〈귀천〉이라는 시가 발표된 지 고작 반백 년 넘기고 벌어진 일이다. 불시에 덮친 빙하기로 일상 속 흔하던 것들이 산 채로 얼어붙었다. 한결같다, 여전하다는 말이 천지개벽하다는 말보다 쇼킹한 단어가 될 지경이다.

영생하지 못하는 것은 바이러스도 마찬가지겠거니 하며 기다린다. 알록달록 도시락 싸느라 부산스럽던 아침. 삶은 메추리알에 검정깨로 눈 붙이고 당근으로 볏 모양 만들어 달던 날이 다시 돌아오기를, 아무것도 몰라서 천연한 아이처럼 시치미 뚝 떼고 기다려 본다.

유한함이란 것이 알뜰과 겸허를 불러들이기도 하지만, 포기나 허무와도 가까워 안타깝다. 나의 유한은 내 아이들의 유한에 꼬리 물려 어정쩡한 영생의 꼴을 하고 있으니 누군가의 포기나 허무가 일을 그르칠까 두렵다. 택배 상자에 붙은 비닐 테이프 조각을 아득바득 뜯어내면서, 기름 묻은 스티로폼 접시를 말끔히 씻어 재활용함에 간수하면서 나는 천 년을 살 것처럼 조바심 낸다. 한 해를 살고 마는 화전민이 아니고서야 불타는 아마존 삼림을 보는 일은 가슴 치는 탄식이다. 영생은커녕 그것을 상상하고 대비하는 것만도 죗값 치르듯 고통스럽다. 이처럼 오금 저리고 애가 타서 부지런 떨고 때론 싸우고 사정도 해야 하는 일이다. 단언컨대 불멸은 벌이래도.

지난 계절 끝자락에 청경채 씨앗을 심었는데 파는 것처럼 통통하진 않아도 고기 볶을 때 뜯어 넣을 정도로는 자랐다. 그렇게 불고기 덮밥을 해서 보온 통에 담고, 사과를 토끼 모양으로 껍질 남겨 깎아야겠다. 컴퓨터 모니터 안에 갇힌 친구 대신 엄마가 함께 거실에 돗자리 펴고 앉아서 아이와 도시락을 까먹어야지. 무한의 우주에서 유한의 우리가 이 꼴 저 꼴 다 보며 일희일비하기가 고되다. 그럴 때는 소풍 도시락만 한 게 없으니 한 끼 즐겁게 먹고 산뜻하게 일어서는 연습을 하는 거다. 앉은 자리 어지르지 말고, 다시 올 것을 염두하지 말고 처음처럼 정연하게 떠나기가 관건이다.

아쉬움 많은 오늘을 넘어 내일을 사는 축복을 얻었으니 불로까지는 아니더라도 장생의 기적은 이미 일어나고 있는 셈. 그 대가로 지치지 않고 희망하는 것, 포기하지 않고 기다리는 것, 끈질기게 고치고 바꾸는 것으로 값을 치러야 한다.

이런 벌조차도 받을 수 없는 절대 무의 지경을 뭐라 불려야 할지 몰라서 사람들이 천국이라고도 하고 지옥이라고도 하며 갈팡질팡하는 것 아닐까.

엄마 화났다

봄 햇살이 푸집니다. 지난 계절 매섭던 날들을 좀체 떠올릴 수가 없네요. 사막에까지 눈이 내려 사망자가 속출했다지요. 한편에선 만년설이 녹아 산사태가 잦다던데. 폭설, 폭우, 폭염. 걷잡을 수 없는 난폭함 속에서도 거실 창 너머 먼바다는 무심하게 찬란합니다. 애면글면 발을 구르는 쪽은 바다에서도 인가와 딱 붙은 백사장에서나 한숨을 들이쉬었다 내쉬었다 파도로 서성일 따름이지요.

그야 그렇기도 하겠습니다. 관측, 기록, 최대치 같은 것. 이변, 재난, 위기 같은 것. 죄 사람이 지어낸 말이요, 사람의 사정일 뿐이니 본디 그러하다는 자연自然이 덩달아 발 구를 까닭이 없겠지요. 대자연을 두고 어머니에 비유하는 일이 이럴 때는 난감해집니다. 사실 어머니는 그럴 수가 없는 거잖아요. 두 아이 에미 노릇 겨우 해내는 저조차도 그렇지 않은걸요. 열 없이 컹컹대는 막내 기침소리에 뜨거운 자책감이 밀려오곤 하니까요.

일전에 차를 몰고 전라도로 향할 때의 일입니다. 그러니까 그것은, 사나운 거대함이었습니다. 신령한 바위라는 뜻의 지명 이정표가 나타나기도 전에 벌써 눈앞에는 거대한 바위산이 압도적 존재감을 포효하고 있었습니다. 어떠한 악의 같은 게 있을 리 만무하건만 외지인의 오금이 무참히 저려왔습니다. 오히려 저의 없이 득의양양한 점이 더욱 공포스러웠습니다. 주위 모든 것을 압살할 듯한 저 기세에 자그만 의도라도 보태진다면 우리는 어떻게 되는 걸까요.

어머니라니요. 이토록 우리를 겁에 질리게 하는 위용이라니요. 물론 자연이 한없이 내어 주는 점만은 모성을 닮았습니다. 번번의 실수에 대해 용서하는 포용심, 언제고 바로잡을 기회를 주는 자애로움에 우리는 어리광을 많이 부렸지요. 사실은 조금 영악하게 굴었습니다. 포악한 이기심도 숨기지 않았습니다. 망가진 것은 어떤 식으로든 회복될 거라 믿었으니까요. 우리가 함부로 대한 어머니의 품에 언제고 달려가 안기기만 하면 모든 것은 다시 좋아질 거라고 말입니다.

어머니는 오래 참았습니다. 경고는 끝난 셈입니다. 이제는 아끼는 자식에게 매를 들 시간입니다. 어느 하나 깨물어 아프지 않은 자식 없기에 모두의 평화를 위해 어머니는 눈 닿는 곳마다 합당한 질서를 두어 순리대로 이끄시지요. 그걸 어기고 공멸로 가려는 종에게는 자비를 베풀 수가 없습니다. 어머니가 억척스레 지키고 사랑하는 것은 생명, 그 자체이기 때문입니다.

우리는 지금 어머니의 눈총 속에 다음으로 건너가는

문지방을 밟고 섰습니다. 해 뜨기 직전 숨죽인 냉기처럼, 언 발이 녹기 전 찌릿한 통증처럼 경계의 긴장감을 느껴야 합니다. 영구치가 유치를 밀어내는 이물감을 간파하지 않고서는 가지런한 확장을 기대할 수 없습니다. 하루 두 번 아이 입안을 살피는 엄마 마음으로 이 경계의 불안정을 느끼고 대비해야 합니다.

입안에서 사탕을 깨뜨리면 금세 녹아 없어지고 말지요. 수만 년 걸려 형성된 빙하가 그렇게 녹고 있듯 이상기후 문제는 기하급수적으로 나빠지고 있습니다. 이 상태에서는 잠시 숨을 고르는 노력만으로는 부족합니다. 암초를 향해 돌진하는 배를 멈추게 하려면 가속페달에 발을 떼는 것만으로는 소용이 없습니다. 과감한 후진 기어. 더 불편하고 덜 안락한 방향으로, 더 애쓰고 덜 망치는 방식으로 삶의 태도를 바꾸어야 합니다.

역사 속에 이미 선례가 있습니다. 올해 거둬들인 곡물을 몽땅 먹어 치우지 않고 다음 해 씨앗으로 남겨 두는 것. 지금 굶주리더라도 미래의 종자에는 함부로 손대지 않는 것. 이로써 인류는 완전히 새로운 세계로 나아갔더랬습니다. 허기에 쓰러지며 경계를 넘은 자에게만 다음 방으로의 진입이 허락됩니다. 지속 가능한 공간, 희망을 얘기할 수 있는 공간으로 말입니다.

아이들이 벌써 씨앗주머니 앞을 지키고 섰네요. 무심히 켜진 형광등을 끄고, 페트병에 든 음료는 사 마시지 않습니다. 섬유 속 미세플라스틱이 물을 오염시키니 겉옷은 자주 빨지 말랍니다. 편히 쓰던 물휴지를 없앴고, 병에 붙은 라벨 스티커를 악착같이 뜯고, 달력의 철심을 어렵사리 뽑아냅니다. 이제까지의 편리와 합리에 역행하는 후진 기어를 다부지게 걸었습니다. 번거롭고 유난스러운 일이라며 멀미를 느끼는 이들까지 태우고 미래로 건너가려 합니다.

매 든 어머니가 손주들 보며 마음 좀 푸시면 좋으련만요.

새벽 창밖

멀리서 보면 인생사 희극이라더니. 거실 창 수십 미터 아래에 놓인 오래된 주택들이 장난감처럼 앙증맞다. 외벽 실금이나 창문 찌든 때 같은 건 보이지도 않는다. 저녁 내 잘 갖고 놀다가 가지런히 두고 잠든 아가의 것 같다.

어쩌면 풍경 안에 든 것 모두가 은하수를 덮고 자는 큰 아가의 것이리라. 우리는 갖지 못하고 그저 빌려 쓰고 아껴 쓰다 물려 주어야 하는데, 종종 그 염치를 잊고 부수고 뭉개고 아슬아슬 높이 세운 탓에 이따금 자연의 노여움을 산다.

골목마다 조그만 자동차가 빼곡하다. 고단했던 바퀴를 괴고 엎드려 누워들 있다. 마땅한 자리가 없어 가로등 불빛을 덮고 노숙한다. 한몸 누일 만한 곳을 찾지 못한 차는 인도 턱이나 경사로에서 불편한 쪽잠을 잔다. 늦게까지 택배 상자를 나르다가 또 아침 일찍 나서야 하는 차. 다행히 그 차의 주인은 오늘 살아서 집으로 돌아왔고, 지금쯤 선물 상자처럼 반듯한 방에서 통증 없는 숙면에 들었길 바란다.

늙은 집 한 채가 반쯤 허물어진 듯도, 반쯤 일구어진 듯도 한 꼴로 서리를 맞고 있다. 새로이 단장할 그 자리엔 음료 열 잔 마시면 한 잔이 공짜인 카페라든가 앉을 자리 없이 배달만 하는 음식점 같은 게 들어설 것이다. 원래 살던 노부부가 그 가게의 단골 될 만한 곳으로 이사를 했는지는 모를 일이다. 다만 지금은 커피 가게도, 치킨집도 너무나 많아서 그 대신으로 사라진 것이 아쉬울 따름이다. 열무단을 손질하던 수돗가와 제철마다 끓어 넘치던 추어탕 냄비, 러닝 바람도 흉될 일 없던 담벼락 이웃들. 그런 것의 서사가 절명해 버렸다. 이 감상을 고층 건물 창문 너머 멀찍이에서 읊어대는 일은 물색없는 짓이다.

주택가를 에워싼 아파트에는 여러 칸에서 불빛이 새어 나온다. 아마도 온전히 어둠에 잠겨본 적 없을 것이다. 건물 꼭대기 아파트 이름을 새겨둔 부분에 밤새 불이 훤하다. 이름표를 목에 건 치매노인 같다. 하늘로 솟을 듯한 풍채지만 한자리에 우뚝 서서 같은 말만 반복한다. 뿌리 내린 것을 길러내는 땅의 힘이 철심 꽂아 심은 빌딩까지도 건사하고 있다. 그래서인가, 아파트값이 해마다 자라는 것은. 언젠가 지력이 쇠할 것이 두렵고, 자기 이름 잊을 것이 두려워 아파트들은 야광 이름표를 목에 걸고 밤에도 눕지 못한다.

이마에는 해무가 엉겨 며칠째 같은 모습이다. 바람결에 풀어지지 못한 채 손오공의 긴고아처럼 단단히 옭아매져 있다. 말도 안 되게 바다 가까이, 말도 안 되게 너무 높이 주상복합 건물이 올라선 후 안개가 극심해졌다. 관광객이 '구름 위의 성'이란 제목으로 SNS에 사진을 올릴 동안, 여기서 살아가는 이들은 찐득한 습기에 진저리친다. 물통 가득 찬 제습기도 빨간 불을 켜고 두통을 앓는다.

희부연 미명 속에 횡단보도가 선명하다. 주택과 아파트 사이, 아파트와 아파트 사이, 건물과 바다 사이에 흰색 사다리처럼 놓여있다. 이쪽에서 저쪽으로 건너는 일은 멀리서 보아 단순해 보이지만 실제로는 훨씬 위태로울 것이다. 자초지종 가릴 새 없이 세월이 전속력으로 달려들고, 걸쳐둔 맞은편 간의 고도가 달라 기우뚱거릴 테며, 한철만 살고 마는 근시에 눈 흐릴 테니. 해무 때문에도 더 미끄러운 사다리 한가운데서 건너지도 되돌지도 못한 채 조바심으로 출렁거려야 하는 신세가 쓰고 떫다. 새벽에 눈 떠졌다 도로 잠들지 못한 나는 무엇이 옳고 그른지 가늠할 수 없고, 그렇다고 안온한 온기 속을 파고들며 아무것도 모른다는 듯 어리광을 부릴 수도 없다. 하늘

찌르도록 높이 세운 바벨탑 같은 곳에서 아랫집 천장에 발을 딛고 위층을 머리에 인 채 곡예 노릇을 하는 내가 무슨 수로 그 일리를 재단할 것인가.

서로 밤 인사를 나누고 나란히 잠든 현수막들이 아침이면 다시 옥신각신 큰소리로 펄럭일 것이다. 재개발을 하자는 문구와 그래선 안 된다는 글귀가 골목마다 부딪쳐 윙윙거린다. 산책길이나 삼으면 좋을 그 골목에도 세금 고지서가 날아들고 생수 묶음이 계단을 올라 배달되고 긁지 않은 복권 같은 희망이 기웃거리므로 나의 감상은 일말의 기척도 낼 자격이 없다. 그저 새벽이라서, 창밖이라서 나는 한숨을 조금 몰아쉬었을 뿐이다. 마치 땅들의 삶을 가엽게 여기는 어름사니인 양.

아침이면 안개의 결박이 조금 느슨해지려는가. 창문을 열고 사과를 씻어야지. 해마다 사과 값이 오른다. 이상 기후로 재배지가 점점 좁아지다가 종내는 사라질 것이다. 이 귀한 맛을 잊지 말고 잃지 말라고 아이들 혀에 사과를 심어두련다.

공기 중 미세플라스틱이 발견되었다고 한다.

반성문

방학이 아니라 정학이었습니다. 휴가가 아니라 근신이었지요. 자연이 우리에게, 이번에는 좀 강경한 어조로 말해온 것이었습니다. 상생이 아니면 공멸뿐이라고. 잠시 멈추고 물러서고 반성하라고 자연이 우리에게 시간을 준 것이었습니다. 그러니까 다소 엄하게, 우리를 생각의 방 안에 가둬둔 셈이었죠.

사람들로 북적이던 학교는 소음과 먼지 투성이였습니

다. 바이러스가 휴교를 선포하자 모든 것이 사그라들었습니다. 인도를 가로막고 서 있던 와플 트럭과 솜사탕 수레, 보리차를 나눠주던 교회 간이탁자와 잡다한 광고지도 사라졌습니다. 아침마다 떠밀려 양말을 꿰신던 아이들이 느릿느릿 놀 궁리를 하다 엄마가 차려준 점심 밥을 먹고 살이 올랐습니다. 새 학년마다 친구 사귀는 일이 근심이던 큰애는 화상회의로 찬찬히 아이들 얼굴을 익히며 만나고픈 마음을 키웠더랬지요.

꽃들도 홀로 온전히 피었습니다. 무당벌레도, 콩 벌레도 수난을 덜 당했습니다. 백사장은 정결하고 물새들이 편안히 모여 낮잠을 잤습니다. 쓰다 버린 일회용 마스크와 택배 포장지가 무섭게 쌓여가는 걸 빼면 지구는 잠시 한숨 돌렸다고 말할 수 있습니다. 사람들 내보내 놓고서야 좀 치우고 쉬었던 셈이지요.

징계는 효과가 있었을까요.

대기 중 이산화질소 농도가 급감했다더군요. 출입이 통제된 인도 해안가에 장수거북 80만 마리가 산란했다지요. 관광객으로 인해 사라졌던 멕시코 해안의 발광 플랑크톤이 60년 만에 다시 돌아왔답니다. 몇 년째 오르내리는 뒷산 계곡에서 나는 백로를 처음 만날 수 있었습니다. 미세먼지 수치가 좋아졌고 강과 바다가 맑아졌습니다. 인적이 줄어든 덕에 사람 살기 좋아졌다는 소식은, 그러나 기쁘기만 한 얘기랄 수는 없습니다.

사망자도 많이 나왔습니다. 개인적으로나 사회적으로 정서적인 후유증도 계속해서 생겨납니다. 도심 속 광장은 비었어도 온라인 싸움터에는 고성이 끊이지 않습니다. 비난과 혐오, 차별과 원망이 바이러스처럼 널리 퍼져갑니다. 백신을 만들고 맞는 과정에서 또다시 오염되는 지구와 재난마저도 불평등한 현실이 안타깝습니다.

사명감 넘치고 가슴 뭉클한 일화가 넘쳐나지만 그럴수록 우리의 웅크린 일상이 더욱 남루해 보이기도 합니다. 영웅과 전사자가 함께 있는 전쟁통에서는 개인의 물리적 심리적 고난이 곧잘 묵살되곤 합니다. 그렇게 각자의 마스크 안에서 상처들이 곪아가고 있습니다.

개발을 위해 야생 박쥐 서식지까지 훼손하는 일이 앞으로는 사라질까요. 목화 재배를 위해 무리하게 지하수를 끌어 쓰는 일이 줄어들까요. 그렇게 지표수가 메말라 반년 동안 산이 불타는 일이 앞으로 일어나지 않게 할 수 있을까요. 모두가 대답해야 할 질문입니다. 살 궁리가 마땅찮아 화전이라도 일궈야 하는 농부만이 아니라, 유해한 줄 알면서도 오염수를 대신 처리하는 최하위의 하청업자만이 아니라, 운영비가 두려워 돈 드는 환경정책을 이행할 수 없는 영세 사업자만이 아니라 우리 모두가 그들을 끌어안고 방도를 궁리해야 합니다.

22세기의 사람들이 훗날 21세기 사람들을 원망할지 모른다며 누군가 탄식하더군요. 우리도 이전 세기의 야만성과 우매에 기함하곤 했지요. 그 성장 우선주의에 가려진 반생명적 처사들이 처참한 상흔을 드러내고 있습니다. 낮은 곳에서 더 큰 생채기를 내며 비전 없는 소모전은 아직도 자행되고 있습니다. 나의 증손자들이 미세플라스틱으로 오염된 바다생선을 꺼리며 왕할머니 세대의 실수와 실패를 개탄할 테지요. 불편하고 어지러워도 마스크를 벗지 못하는 아이들과 이렇게 함께 벌받는 것만도 미안해 죽겠습니다.

어울리며 배워야 할 권리를 내놓고 문 닫힌 교실 앞에서 체념해 준 아이들입니다. 입학식, 졸업식, 나눠 먹던 소풍 김밥과 둘러앉으면 웃음부터 나는 조별 토의, 응원전이 더 재미있는 발야구도 포기한 채 살아야 했지요. 또래들과 아장거리며 사람 입 모양을 보며 단어를 익혔어야 할 아가들은 또 어떤가요. 사람과 어울릴 골든타임을 놓친 이 일은 결국 다음 세대 모두의 문제가 되고 말 것입니다.

엄마의 마음이 되어야겠습니다. 성별에 관계없이, 우리 아이들 미래를 걱정하는 모든 마음들을 모아야겠습니다. 아이들에게 미안한 마음, 더 안전한 내일을 만들어 주고 싶은 마음. 나의 비극이 나에게서 끝나지 않고 아이의 미래로 흘러 들어가는 것이 두려워 기름 묻은 일회용 그릇을 박박 씻고 말리는 마음 말입니다. 그 마음으로 돌봐야 할 일을 생각합니다. 화내야 할 일과 고쳐야 할 일, 감내할 일과 끝내 고집부려야 할 일을 떠올려 봅니다.

한탄하는 것만으로는 아무것도 달라지지 않지만 깊은 한숨으로 시작하는 반성문도 있는 법입니다. 뭔가 잘못돼 간다고 느끼는 것만으로도 변화가 시작되곤 하니까요. 한숨 좀 쉬고, 한숨 좀 돌리고 끙차 일어나 해야 할 일을 찾아봐야겠습니다.

그 전에 반성문을 씁니다. 울 것 같은 마음으로 이 글을 씁니다.

삶을 메고 나선다

엄마의 명품 가방은 옷장 안에서 사계절을 난다. 여름에는 덥고 무거워서, 겨울에는 옷까지 한 짐이라서 탄탄한 가죽가방이 세상 구경을 못 한다. 이태째 이렇다 할 모임들이 사라져 투피스 차려입던 봄가을에까지 나설 일이 없어졌다.

도서관에 책 빌리러 갈 때, 코앞 식당에 밥 먹으러 갈 때, 아파트 단지 한 바퀴 돌고 채소 가게나 들르자고 나설 때 엄마는 가벼운 에코백을 둘러맨다. 지폐 몇 장 들어있는 천 지갑과 휴대전화, 주먹만 하게 똘똘 말린 시장바구니가 소지품의 전부다. 중간중간 화장 고칠 압축파우더나 립스틱, 이쑤시개와 빗, 심지어 실과 바늘까지 들어있던 파우치는 이제 들고 다니지 않는다. 가끔 조그만 물병 하나가 보태질 뿐, 엄마의 외출은 길지 않고 엄마의 체력도 시원찮다.

나는 생리하는 것이 영 시원찮아졌다. 해마다 양이 줄어 대형, 중형 사이즈의 생리대는 꺼내 쓸 일이 없다. 잘 때 쓰던 오버나이트와 두툼한 것들 모두 큰딸에게 줘버렸다. 소형이나 팬티라이너 한 두 개면 반나절 외출이 충분하다. 내 파우치에도 거울 달린 콤팩트는 없다. 다만 화장지와 항균스프레이, 연고와 반창고 두어 개, 막내딸을 위한 작은 빗과 머리끈, 색연필 같은 걸로 아직은 조금 복작거리는 편이다. 이동식 서랍장 같은 커다란 기저귀가방에 비하면 아무것도 아니지만.

외출까지 따라붙는 가방 속 소지품은 자신의 일상을

환유하고 있다고 말할 수 있다. 그러니까 코끼리 다리처럼 일부가 아니라, 화학적으로 완전히 용해된 삶의 한 조각 말이다. 초대형 가방을 들고 다니던 그때는 납작한 휴대용 물티슈로는 아이 향한 나의 애틋함을 다 닦아낼 수 없었다. 내 손으로 삶아 말린 수건과 여벌 옷으로 갖추갖추 정성을 다해야 했다. 나의 행불행이 어디에 볼모 잡혀 있는지 가방 안에 고스란히 드러나있었다. 그 연약한 처지를 들키지 않으려고 나는 몰고 다니던 차에 '아이가 타고 있어요' 스티커도 붙이지 않았다.

오늘 내 가방에 실린 나의 삶은 텀블러다. 예의 그 파우치와 시장바구니, 얇은 주간지 한 권과 볼펜도 들어있다. 아이와 저녁까지 먹고 올 참이라 남은 음식을 포장해 올 휴대용 용기까지 달그락댄다. 영민한 프로파일러가 아니더라도 누구든 나의 삶을 짐작할 수 있으리라. 내가 삶을 향해 종종거리는 진한 애정까지도. 고쳐 바를 립스틱은 없어도 주홍빛 선연한 색연필이 필요한 나는, 자식 웃는 게 좋은 애 엄마다. 그 아이가 자라 개탄을 하든 감탄을 하든 음미할 만한 생이 탈없이 남아 있길 바라는 선배 지구인이다. 지갑에 유기농 우리 먹거리를 파는 생활협동조합 매장의 멤버십 카드가 꽂혀 있는 살림이스트다. 나의 삶과 나의 지향이 가방 안에 소복하다. 아무렇게나 쓰고 버릴 수 없는 열정과 소망이 오종종히 들어차 있다.

누군가의 가방 안도 이러할지니 나의 삶이 다른 이의 삶들과 연결되어 있음을 깨닫는다. 그 연대에 안타까운 구멍이나 허술한 고리가 되고 싶지 않아서 나는 나를 돌보고 공부시키고 행동하게 한다. 나의 삶이 아이들의 삶으로 이어지는 것에도 나는 책임을 느낀다. 밤마다 감사합니다, 로 시작하는 나의 기도가 후대에 전할 유일한 유

산이 되길. 그렇게 그들도 희망으로 가방을 꾸려 언제까지나 둘러메고 나서길 바란다. 지금 내 어깨에 묵직한 이 가방을 지켜내기 위해 오늘 운동도 거를 수가 없다. 오늘의 글쓰기와 오늘의 잔소리도. 오늘의 다짐과 오늘의 실천도.

한때 엄마의 가방 속엔 매끔한 명함지갑이 있었다. 교사 정년을 마치고 어느 유소년 단체의 기관장으로 계실 때였다. 빚지는 것 같아 싫다던 신용카드도 한 장 들고 다녔다. 엄마가 아직 몸속 주머니의 외벽을 부풀렸다 허물었다 하며 달거리를 할 때의 일이다. 그런 소지품들이 다 사라진 엄마의 에코백은 이제 무척이나 한가로워 보인다. 그 빈자리를 대신하던 쓸쓸함을 오랜 시간 착착 덜어내고서야 그렇다.

삶에 있어 드문 일이라는 고희를 맞게 된 우리 엄마. 언제나 한 해 한 해가 드문 일, 낯선 일, 처음 겪는 일일 터. 어깨 짓눌리지 않는 가벼운 몸이라 새로운 모험에 도전하기에는 한편 또 얼마나 좋은가.

바지런하던 울 엄마의 짐은 이제 내가 주렁주렁 메고 다니면 되는 것이다. 무엇도 빠트리지 않겠다. 특히나 순박한 기대 같은 것.

지구 면역력

지구가 백신을 맞느라 욕을 봤다. 코로나라는 백신. 약해진 면역력에 고열과 동통이 자심하였다. 변이라는 부작용도 맞닥뜨렸다. 아직 건강했을 때 맞았으면 좋았겠지만 더 늦어도 큰일 날 일이어서 지구는 미량의 항원을 주입하곤 오랫동안 앓아누웠다.

B형간염 백신처럼 알맞은 접종 시기가 도래한 것일까. 독감 백신처럼 지속력이 짧아 해마다 난리를 쳐야 하는

것일까. 바이러스는 자꾸만 악랄해지고 백신도 독해져 간다. 자기 파괴적 소모를 자행하는 바이러스. 지속 가능한 생태계 면역 체계를 무너뜨리는 바이러스. 인간이다. 인간의 성장 우선주의와 근시안적 독단, 교감 없는 이기심이 바로 그 바이러스의 이름이다.

백신에 담긴 항원이 지구 몸안에서 통증을 일으킨다. 어지럽고 부어오르고 때론 괴사하고 고사하는 부분이 생긴다. 어쩔 수 없다. 백 년도 못사는 인간에게는 생명과 생계가 위협받는 위기지만, 45억 년 지구에겐 눈 깜박할 새도 안 되는 찰나의 발열. 백신은 본디 이런 식으로 생착하는 법이다.

오래도록 지구의 안전을 위협해 온 바이러스를 퇴치하려면 이 방법밖엔 없는 것일까. 건강할 때 건강을 챙기는 우아한 방식은 동력이 부실하여 종종 실패하곤 한다. 상실하고서야 정신이 번쩍 드는 것, 잃은 뒤 애걸하는 것은 미련 맞아 보이지만 가장 확실한 동기다. 잃은 후라도 부랴부랴 외양간을 고쳐야 공존으로만 살 수 있는 이 생존

시스템을 완전히 망치지 않을 수 있다.

마땅히 제거되어야 할 부분이 떨어져 나가는 것은 반갑다. 경각심을 갖는 계기가 돼 주는 것도 그렇다. 사람 없는 빈 백사장으로 돌아온 장수거북 떼에 대한 뉴스가, 그러나 이 시기에 일어난 좋은 소식의 전부였다. 절망이 저점을 돌파했고, 탄식과 공포가 우리를 에워싼다. 그러다 보면 무리 중 가장 약한 개체를 맹수에게 내주는 손길에 주저함이 사라지고 만다. 가장 낮고 위험한 데서 버티던 이들이 가장 불합리한 일과 가장 해로운 일, 가장 거북한 일을 떠맡게 된다. 마치 방사능이 유출된 후쿠시마 원전 공사장으로 가난한 나라의 노동자가 빨려 들어가듯. 그중 쉰 명은 채 성인이 되지 않은 아이들이었다.

낡고 삭고 허물어진 경계에 아슬아슬 놓였던 이들이 인류가 의뭉스레 낙관해 온 사다리 아래로 추락한다. 시대 유감 속에 생매장된 이들은 부조리의 증좌가 될 수도, 억울함을 호소할 수도 없다. 누사 이래 우리는 그 누락된 자들이 켜켜이 엎어진 공동묘지 위에 희망을 파종하고 진화를 체득해 온 셈이다. 그로써 디스토피아는 잠시 유예되었으나 인류의 반성은 늘 조루하여 생명력 깊은 곳까지 도달하지 못한다.

네 뼘 길이 화분에다 작물을 기르고 있다. 방울토마토로 시작했다가 청경채, 무순, 강낭콩까지 왔다. 애틋한 콩 스무여 알을 쌀에 보태 끓였다. 갓 지은 밥 반 공기를 씹어 삼키니 꼬투리 속 자글거리던 햇살과 바람과 비와 구름이 같이 목을 넘어간다. 현미경 없이도, 유전자 증폭 검사 같은 것 없이도 알 수 있다. 이 뜨겁고 실한 것이 몸속으로 들어와 나를 살리려는 것을.

종국엔 이 일만 남을지도 모르겠다. 알곡을 지켜 모든 숨붙이들의 생을 건사하는 일. 그 소명에 요령을 부리다가는 지구로부터 바이러스 취급을 받게 될 것이다.

집필실 아래층에서 클래식 음악 수업이 재개되었다. 웅장한 교향악단 협주에 창밖 새들이 아리아를 얹는다. 새 여덟 마리 중 한 마리는 멸종 위기에 처해있다. 바다에 사는 것은 삼분의 일만 살아남는다 한다. 수필 공부방에도 살아남은 자들이 다시 모였다. 불도저가 쓸어가 버린 윌든 호숫가에 기어코 다시 모여 앉은 셈. 무엇을 읽고 무엇을 써야 할까. 아무 일 없었단 듯 굴 수는 없는 노릇이다.

없는 살림에도 나중 일을 대비해 필요한 보험을 해약하지 않는 것. 남들이 뭐라 하건 묵묵히 그 납입금을 조금씩 마련해 내는 게 문학의 일이 아닐는지.

별 바른 창가에서 자꾸 흙만 해작이고 있다.

새벽 창밖II

미명의 오르막 끝자락에 편의점 불빛만이 등대처럼 간절하다. 선득 잠 깼다 도로 잠들지 못한 새벽. 나는 그곳으로 달려가 누구에게라도 안기고 싶다.

아름다운 것, 추한 것, 해야 할 것과 하지 말아야 할 것 모두 어둠에 가려 분간되지 않는다. 늑대인간이 보름밤의 본분을 받들어 울부짖을 동안 나는 그믐밤에 스며들어 기행奇行하고 싶다. 해가 뜨면 다시 야수로 돌아와 방마다 커튼을 치고 거울을 부수더라도, 밤이면 미소년이 되어 촛불 옆에 서고 싶다. 모두 잠든 방에서 홀로 왈츠를 추리라. 내 안의 열망과 손을 잡고서, 그것의 농염한 허리를 감싸고서. 밤에게 납치되었다가 그를 사랑하게 된 스톡홀름 증후군 환자처럼 내게 내려진 저주라도 감격하리라.

창밖 신호등의 셈은 간단하다. 천천히 열두 번을 센 뒤 빨간 불을 켜고 이번엔 서른세 번 만에 초록 불을 내놓으면 된다. 신호등과 함께 손꼽아 수를 헤아리다 보니 하늘이 희뭄하게 밝아오고 있다. 행인도 없는 찻길에서 등 혼자 왜 저리 열심인가 했더니 아마도 해 뜨기를 기다리느라 수를 세고 또 세는가 보다.

새들은 벌써 이부자리 밖으로 나왔다. 굴뚝 없는 그들의 집에선 조반을 지을 수 없어 허기진 날개를 일렁여 찬 공기 속으로 뛰어든다. 오늘은 그럴듯한 것을 먹을 수 있을까. 역겨운 토사물도, 사료만 먹는 강아지 똥도 아닌 가볍고 알찬 것을 먹고서 날개에 에너지를 실을 수 있을까. 겁 많던 고양이 새끼가 숨어 죽은 곳이나 찾아가 볼까.

까마귀는 자연상태에서 3월부터 6월에 걸쳐 산란한다 한다. 잡식성인 이들이지만 산란기 때는 주로 동물성 먹이를 먹는다. 동화 〈마당을 나온 암탉〉의 주인공 '잎새'는 품어 키운 오리 아들을 떠나보낸 뒤 굶주린 어미 족제비의 소굴로 제 발로 걸어간다. 출산 후 얼마간 머물렀던 산후조리원에서는 친정 엄마들이 잉어 끓인 것, 돼지 앞다리 곤 것 등을 싸 들고 나르는 발길이 끊이지 않았더랬다. 애끓는 마음이 미물이라고 덜할 리 없고, 애끓기에 만물이 모두 같은 마음일 것이다.

쓰레기봉투나 뒤져야 하는 도심 속 새들에게는 가당찮은 일이다. 고기 구운 팬을 닦은 키친타월을 쪼아먹고서 식도가 막히고 배가 터진다. 어제 죽지 않은 값을 오늘 치르는 전쟁통에서 내일이 잉태되기란 고약한 일이다. 불임의 비극은 먹이사슬 바닥에서 시작해 위로 향한다. 벌이 살고, 새가 살아야 사람이 산다. 지렁이가 살고 그깟 길고양이까지 다 살 수 있어야 세상이 산다. 낙관이 살고 소망이 움트고, 착오할 리 없을 거란 신호등에 대한 믿음 같은 것이 생겨야 우리는 다음을 향해 건너갈 수 있다. 새들의 불안이 끝나는 날, 희망의 불임도 끝날 것이다.

어둑하던 하늘이 조금씩 갈라지기 시작한다. 그 틈으로 밝은 것이 들어오고, 구름이 다가오고, 그림자가 날을 세우고, 식구들이 뒤척인다. 아침으로 뭘 차릴지, 벌레 물린 곳은 밤사이 가라앉았는지, 매일 먹는 알러지 약이 얼마나 남았는지 살핀다. 그러느라 새끼 밴 까마귀의 먹이 같은 건 완전히 잊고 만다. 별빛 아래 가여운 세상을 쓰다듬던 긴 치맛자락은 자취를 감추고 없다. 선명한 시야 안으로 작고 단단한 조바심들이 달려든다. 눈에 들어온 각자의 살이에 사로잡혀 멀리 넓게 펼쳐져 있는 것들이 보이지 않는다.

그러다 그 빛이 조금 사위었을 때, 오늘처럼 선득하니

잠에서 깨어 도로 잠들지 못할 때 또 깜박이는 것들을 아니 보지는 못할 것이다. 켜졌다 꺼졌다 마치 구조를 청하듯 명멸하는 신호들을. 끊어질 듯 말 듯 애처로운 고단함들을. 유리창에 입김 불어 쓴 고백처럼 새벽 창밖이 썼다 지우는 그림들을. 결코 외면해서는 안 되는 아슬아슬함들을.

순천만 공부방

새들은 물도 바다도 아닌 곳에 쏟아놓은 강냉이 박상처럼 흩어져 있다. 포실포실 탐스러운 몸을 똬리 틀고 앉아 가끔 바람이나 인기척에 흔들릴 따름이다. 육지와 허공의 경계마저 흐릿하다. 고향도 타향도 없이 생을 찾아 목숨 걸고 날아온 철새들. 개중에는 북녘에서 태어나 겨우 날기 공부만 마치고 온 어린 녀석도 있다. 그들은 펄에 박힌 꼬물거리는 것의 맛을 알아가며 다른 종과 어울려 사는 법을 배우게 될 것이다. 갈대밭을 오가는 통통배에 열 지어 앉은, 사람이라는 종과의 공존도 숙명처럼 받아들이면서.

순천만은 한창 소통의 공부방이었다. 고속버스로 몰려온 사람들도, 만여 킬로를 날아온 흑두루미도 지구를 나눠 쓰는 생명들끼리 어떻게 조화롭게 살아야 하는지를 배우는 과외 학원이었다. 왜 우리는 며칠씩 시간을 내고 보충수업을 받고서야 그 명제를 깨닫는 열등생이 돼버렸을까.

학과과정을 다 수료한 듯한 청둥오리 두 마리가 갯벌 탐사선 매표소까지 나와 꼬장꼬장 걸음을 뗀다. 사람들이 몰려오는데도 걸음을 재촉하지 않는다. 집주인이 셋방 식구 힐끗 보듯 하고는 팔자걸음으로 유유히 길 가운데로 들어선다. 그 옆으로, 뒤로 사람이 비켜 간다. 튼튼한 운동화를 신은 꼬마들도 콩콩 뛰며 동네 비둘기 쫓듯 하지 않는다. 보고 배우며 느끼는 일이 이토록 중하다.

철새박물관과 천문대까지 보고 나오는데 맞은편 용산

골짜기로 태양이 빨려 들어가고 있었다. 모든 이들이 자리에 멈추어 서서 지는 해를 배웅했다. 오랜 시간 아무도 자리를 뜨지 않았다. 산불처럼 이글거리는 마지막 빛덩이가 기슭 사이로 꿀떡 삼켜졌을 때 누군가 침묵을 깼다. 벌교 쪽으로 가다 보면 산 뒤로 넘어간 해를 더 볼 수 있을 거라고.

그렇게 우리는 벌교로 달려갔다. 열성 팬처럼 해의 뒷모습을 좇다 보성까지 다다랐다. 벌교 꼬막은 차지고 달콤했으며, 한밤의 녹차밭은 수만 개 꼬마전구들로 반짝거렸다. 집으로 돌아가기 아쉬운 마음은 여행에게 보내는 가장 극진한 찬사다. 이 마음 밑천 삼아 우리는 다시 떠날 수 있는 것이리라.

볼거리 먹거리 아닌 좋은 공기를 찾아 여행을 떠난다. 동네 자그만 미술관이나 기웃거리다 밤이면 통나무집에서 쏟아지는 별을 이고 잠들고자 한다. 아침에 숲길을 걸을 수 있다면, 매끈한 서로의 그림자를 밟고 다닐 수 있다면. 그렇게 많은 이들이 길 위로 나선다. 나무나 새, 일몰 같은 걸 보러 기름값 싼 주유소를 검색해 아파트 밖을 향한다. 밤새 아토피 피부를 긁다 지친 아이를 안고, 강물 흐르듯 늙어가는 아내와 함께, 또는 산등성이 넘어 저릿한 그리움을 품고서 집을 나선다. 숲을 도려내 아파트를 심던 사람들이 자연과 화해하고 생명에 대한 경외를 배우러 공부방으로 향한다.

한국야생조류협회 홈페이지에서는 철새의 이동 상황을 중계한다. 한국을 찾은 흑두루미 중 250마리는 순천만에, 4마리는 철원에, 임진강 하구와 연천에 한 마리씩 있다는 식의 정보가 안내된다. 일본 이즈미에 사는 두루미 가족 네 마리가 제일 먼저 북상을 시작했는데 모일 모시부터 몇 마리가 어디를 거쳐 어디쯤 날아가고 있다는 얘기 등이 소상히 안내된다.

매년 5월과 10월의 둘째 토요일은 세계 철새의 날이다. 여름 새, 겨울 새가 대규모로 이동하는 때에 자정부터 새벽까지 도시 조명을 끄거나 줄인다. 빛을 보며 날아갈 방향을 정하는 철새에게는 밤에도 낮처럼 훤한 인공

조명이 가장 큰 위험 요소다. 길을 잃거나 건물과 부딪치거나 내부 생체 시계를 망가뜨려 철새를 사라지게 하고 있다. 이미 충분히 높고 빠르고 훤한 세상에게도 잠시 불 끌 시간은 필요하다.

뒷부리장다리물떼새나 부채꼬리딱새처럼 한없이 낯선 이름이 아니라 두루미처럼 흔하고 친숙한 새가 벌써부터 천연기념물로 지정돼 있다. 참새나 제비를 박물관에서 보게 되는 날은 없어야 할 것이다. 자연 공부방에서 우리가 깨친 것을 제대로만 써먹는다면.

배운 것 시험 치를 날이 머지않았다.

달리기

오늘은 진짜 길을 달려보았습니다. 트레이드 밀 위에서는 오락에 불과했다는 생각이 들더군요. 땅은 기계처럼 단조롭지 않았습니다. 반반하고 널찍한 아파트 단지 안이었음에도 어떤 길은 좁았고 어떤 길은 급하게 꺾였고, 멈칫 보폭이 쪼그라드는 오르막이 나왔다가 우다다다 중력이 쏟아지는 구간이 펼쳐지기도 했습니다.

차가운 밤공기도 만만치 않았습니다. 처음에는 방한

마스크 속 한 주먹어치의 미지근한 공기만을 마시고 뱉었습니다. 한 바퀴를 돌자 심장에서 더 많은 산소를 보내달라고 야단이었습니다. 더듬더듬 마스크를 끌어내리자 이번에는 얼음장 같은 찬바람 때문에 얼이 빠질 지경이었습니다. 콧속이며 입안, 눈과 귓속까지 차가운 송곳으로 후벼 파는 듯했으니까요. 땀이 줄줄 흘러 아우터를 벗었다가, 드러난 얼굴 맨살이 얼 것 같아 모자만 쓰고 소매로 동여매었습니다. 운동을 통해 내면의 자아와 조우한다고들 하던데, 이 말은 아마도 육신이 쏟아내는 온갖 예민한 클레임을 듣게 된다는 뜻인가 봅니다.

죽겠네 살겠네 하는 몸을 달래가며 출발지에서 다시 나아갑니다. 짧은 오르막이니 힘내 보자 했다가, 귀한 내리막이니 쉬지 말자 했다가, 걷더라도 멈추지는 말자 그렇게 자꾸 꼬드겨 봅니다. 이게 뭐하는 짓인가 싶을 즈음 모과나무가 지나가고, 기린 미끄럼틀이 보이기 시작하고, 알싸한 솔 내음 구간이 돌아오지요. 꾸역꾸역 한 바퀴를 또 채워낸 감격에 나도 모르게 다시금 땅을 박차고 새로운 한 바퀴를 시작하고 맙니다.

종착지가 한참 남았는데 달리기가 걷기로 바뀌었습니다. 숨을 크게 들이쉬자 차가운 공기 한 뭉텅이가 기도로 빨려가는 게 느껴집니다. 숨길에 난 세포들을 올올이 건드리며 몸속으로 들어갑니다. 그 길이 어떻게 생겼는지, 어디쯤 가고 있는지 알 것 같습니다. 입안의 혀를 평상시 어디에 놓아두는지 자각하고 사는 사람은 없다지요. 그러나 몸을 쓰는 이 순간만큼은 몸이 어디서 뭘 하는지 잘 알겠습니다. 각자의 부위가 각자의 위치에서 각자의 일을 하지 않으면 어떤 일이 생기는지 말입니다.

누군가 생태주의를 위해 어떤 실천을 하느냐 묻더군요. 가장 중요한 답을 여기에 적습니다.

"운동을 합니다."

가치관을 지키는 데는 체력이 필요합니다. 추상같은 목구멍 포도청의 불호령에 무릎 꿇지 않을 정도의 살림도 물론 필요합니다. 그러나 적당한 안녕 속에서도 농담을 나누거나, 위로를 주고받거나, 옳다고 믿는 것을 실천하는 일은 반드시 근력을 필요로 합니다. 요추 4번과 5번 사이에서 삐져나온 디스크가 하반신 신경을 건드리고 인격적 소양까지 갉아먹던 경험은 평생 잊을 수가 없습니다. 귀한 내 새끼 눈에 넣어도 안 아프다는 말은, 내 눈이 안 아플 때나 쓸 수 있는 것이더군요. 이제 나는 의젓한 엄마 노릇을 위해서라도 건강하지 않으면 안 되게 되었습니다.

오늘어치의 운동은 내일에는 할 수 없습니다. 이 달달한 성취감은 내 돈 주고 반지 하나 사 끼는 것과는 비교할 수가 없습니다. 단단하게 쌓아 올린 자긍심은 매번의 도전에서 위력을 발휘합니다. 하여 나는 글도, 친절도, 이타심과 유머도 속살부터 강한 사람이 되고자 합니다.

움직이세요. 충분히 건강하셔서 이생을 음미하세요. 그럴 자격 있습니다. 그럴 의무도 있습니다. 살아 좋은 날입니다. 젊은 상주의 손을 붙잡고 적당한 위로의 말을 찾지 못해 무참해지는 것을 보면. 그의 팔뚝에 찬 삼베

완장이 마치 벌받는 이의 화인처럼 보이는 걸 보면.

귀한 삶을 누리는 당신. 귀인은 언제나 길 위에 있습니다. 걸으세요. 달리세요. 몸을 지켜 신념을 지키세요. 나의 몸이 나를 방해하지 못하게 오늘의 운동을 잊지 마세요.

2.

어린이, 노인, 장애인, 외국인.
예전의 나와 미래의 나,
시공간 안팎에, 얕은 기준의 앞뒤에
놓인 모든 나들의 평화를 빕니다.

낚시

파르르 찌가 떨린다. 자조와 낭패의 몸부림이 전해진다. 상대의 열패감을 놓치지 않는 것은 인간의 본능이리라. 그 누군가를 딛고 올라설 기회를 잡기 위해, 또는 그 약한 고리를 빨리 보듬어 전체의 문제가 되지 않기 위해서다. 눈치 빠른 강태공이 생하나를 건져 올린다. 크거나 작거나 붉거나 검거나, 모자랄 것도 더할 것도 없는 오롯한 생하나. 그러나 보는 이에 따라서 반토막도 되고

갑절도 되는 모양이다. 탄식과 함성이 그때그때 다른 것을 보면.

붉바리가 딸려 오면 감탄이 터진다. 대단하다고, 부럽다고, 축하한다고 웃음꽃이 핀다. 잡은 사람, 옆 사람, 이따가 회 한 점 같이할 사람 다 즐겁다. 역시나 붉은 몸, 열기가 딸려 오니 카메라 샤워 한번 받는 법이 없다. 잡어들로 바글대는 물통 속에 무심히 던져진다. 낚시꾼은 손 빠르게 다음 미끼를 걸어 고급 어종이 꾀이기를 소망한다. 전복이니 성게알이니 하는 고급 미끼 값을 헤아리면서.

"우리딸은 왜 이 세상에 왔어?" 엄마가 묻는다. 네댓 살이나 될까 한 아이는 가지고 놀던 장난감에 눈도 떼지 않고 답한다. "엄마 혼자 무서울까 봐."

소문난 결혼과 연이은 이혼으로 세간의 이목이 따가웠을 여배우다. 연애 고수들 얘기론 사람은 사람으로 잊는다던데, 버거웠던 시선도 또 다른 시선으로 치유되길 바라는 걸까. 그녀는 혼자 아이를 키우면서 TV 관찰 예능 프로그램에 출연했다. 부모 닮아 오목조목 인형처럼 예쁜 꼬마의 한마디로 시청률이 솟구쳤다. 다음 날 인터넷 뉴스로 내용을 접한 내 눈물샘도 울컥한다.

나도 호기심이 동해 아이에게 묻는다. 주말 내 잘 놀아주고 샤워시켜서 머리 탈탈 말려주며 기대하는 시늉 안 내려고 애쓰면서 같은 질문 해본다.

"엄마랑 아빠랑 언니랑 같은 가족이 되고 싶어서."

너무 좋아 보였단다. 그래서 그 먼 곳을, 그 복잡한 길을 헤치고 우리에게 온 거구나. 나는 목이 메여 제대로 대꾸하지도 못했다.

아이는 '우연히'가 아니라, '제대로' 우리를 찾아왔다. 낚싯줄같이 가느다랗고 투명하지만 질기디질긴 인연의 끝에 우리가 있는 것을 보고 안도했다. 삼백 년을 내달려 색시나무 종아리에 발끝을 닿은 신랑 은행나무의 사랑처럼(반칠환, 〈은행나무 부부〉) 아이는 우리에게 환호하고 감탄하고 고마워해 주었다. 꿈인 듯 출렁이던 그 만남의 시작을 생각하면 너와 나는 모든 행운을 한날한시에 수령하였으므로 매일매일이 한턱내는 잔칫날이어도 과할 것 없으리라.

큰애 같은 반에서 아이 하나가 몇몇으로부터 따돌림당하는 일이 생겼다고 한다. 우리 애가 목격자로 지목되었다며 교내 학교폭력위원회에서의 진술을 요청하는 담당 교사 연락이 왔다. 아이와 상의해 보겠습니다. 우선은 그 대답밖에 할 수 없었다. 하교 후 만난 아이가 두 번도 묻지 않고 진술서를 쓰기 시작했다. 열세 살짜리보다 마음이 얕은 나는 담당자에게 익명이 가능한지 물었다.

그날 밤 아이가 자러 들어갔다가 다시 나와 물었다.

"엄마. 만약에 내가 이런 일을 당하면 어떨 것 같아?"

말을 고르느라가 아니라 여러 말이 한꺼번에 밀려 나와 답하기가 어려웠다. 일단 아이를 앉혀놓고, 두 손을 잡고, 마음 추슬러 몇 마디 전했다. 정확하게는 기억나지 않는다. 하지만 어쩐지 어른스럽지 못한 말이었던 듯하여 자기 전 기도가 길었다. 후로 며칠 동안 아이에게 내 마음을 전했고, 그러면서 하느님께는 자식 되는 마음으로 하소연했다. 누구도 다치지 않고 이 다리를 건너는 법을 나는 모르니까, 아버지께서 재주껏 어떤 아이도 아프지 않게 해달라고. 문제가 된 아이 셋은 사흘째 학교에 나오지 못하고 있다.

TV 속에서는 붉바리를 낚은 사람만 황금 배지를 달았다. 같은 날 잡은 열기도 아마 맛나게 구워지고 조려져 상에 올랐을 것이다. 모두가 위대하고 빛나는 인연으로 만난 우리는 하나같이 가슴팍에 황금 배지, 금강석 배지를 달고도 이토록 슬플 일이 많다. 작은 지혜로 너른 세상 나기가 고단하다.

그의 사명

조물주가 나를 만들어 세상에 내보낸 이유가 무엇일까. 누구라도 해봄 직한 자문이지만, 선천적으로 장애를 갖고 태어난 사람이라면 더욱 절실히 답을 구하고자 했을 것 같다. 신은 유머 감각이 뛰어난 듯은 하여도 실수 같은 건 할 리가 만무한즉, 어떻게 이 질문에 접근해야 할지 긴 시간 답답했을 거라 짐작해 본다.

신은 전지전능하여 객관식으로 문제를 풀지 않는다.

상대성으로 존재를 입증하지 않는다. 신은 인류 전체를 아낌과 동시에 개인 하나하나에 우주적 가치와 애정을 쏟는다. 그러니까 우리는 매우 복잡하고 필연적인 단 하나의 정답들로 존재한다. 어쩔 수 없이 차선을 택하는 법도, 부작용을 감내하는 법도 없다. 분명 헤아리기 불가한 존재의 이유가 있을 거라 믿는다. '신'이라 쓰여진 부분을 '자연'이라 읽어도 무방할 것이며, 신앙이 있건 없건 그 답을 탐구하는 과정에 문학과 예술이 있다고 생각한다. 최소한 문학과 예술이.

정의에 대해 생각해 볼 때도, 법의학을 정립하고 사회학을 이해할 때도, 역사를 해석하고 과학을 발전시킬 때에도 인간이 개별 또는 집합으로 존재하는 이유를 가늠해야만 그 원칙을 정할 수 있을 것이다. 생물학적 변성체로만 본다면 오로지 생명의 효율성만 원칙으로 삼겠지만 우리는 그 누구도 활력 징후가 높고 낮은 것으로 사람의 가치를 헤아리지 않는다.

나 역시 종종 자문한다. 나의 사명은 무엇일까 같은 거창한 질문이 아니라 내 안에는 왜 없어도 좋을, 아니 있어서 괴롭고 일을 망치는 성격 또는 생각, 습성 같은 것이 있는가 하는 수준이다. 그런 저열하고 나약한 면만 없다면 나는 나를 위해서나 인류를 위해서 훨씬 더 가치 있게 쓰일 수 있을 텐데. 질문이 원망으로 옮아가기 전 서둘러 사색을 마쳐야 한다.

이런 나를 가엽게 여기듯 십오 분짜리 동영상 하나가 내 앞에 나타났다. 최재천. 대학교수보다 통섭학자로 불리길 원하는 사람. 생명다양성재단 전 대표이자 UN 생명다양성협의 전 의장. 〈자연은 순수를 혐오한다〉는 제목의 강연이었다.

말레이시아 드넓은 농장에 바나나를 심는다고 치자. 다양했던 자연 생태계를 모두 갈아엎고 상품성 높은 단일종 하나만 심고 가꾼다. 원래 거기서 살아오던 벌레가 해충으로 취급받기 시작한다. 수확을 늘리기 위해 해충 퇴치에 온갖 방법이 동원된다. 가장 손쉬운 것은 역시 살충제. 박멸이란 개념적 상태에 불과할 뿐, 내성이 생긴

종자는 살아남는다. 강한 살충제를 이겨낸 강한 우성인자가 변이 진화하므로 계속해서 더 독한 살충제를 필요로 하게 된다.

이번에는 양계장. 생장, 육질, 산란, 관리 등이 좋은 품종 하나만을 집약적으로 키운다. 최소한의 면적에서 최대한의 속도로 사육하던 중 철새 등 어떤 자연적 상태의 바이러스를 만난다. 해당 단일 품종은 항체도 모두 동일하므로 한 마리가 쓰러지면 전체가 쓰러질 수밖에 없다. 예견된 몰살. 그렇게 조류독감이 돌고 수천 마리가 생매장당하고 축산업자가 쓰러지는 일이 해마다 반복된다.

바나나나 닭 대신 사람으로 바꿔 생각하는 건 유쾌한 일이 아니다. 우리는 알을 많이 낳기 위해 다닥다닥 모여 사는 게 아니니까. 쓸모를 인정받기 위해서라기보다 존재 그 자체의 이유로 유한의 생을 가치 있게 살고자 한다. 그런 내 안의 다양한 면이 존엄성이나 생존력을 높이는 데 기여한다. 때로는 결코 장점이라 할 수 없던 뜻밖의 면 덕을 보기도 한다. 가령 어떤 일을 게으르게 미뤄둔 덕에 섣부른 결정을 하지 않을 수도 있다. 이럴 때는 신중했노라 자평한다. 유난히 딸꾹질이 잦다면 그만큼 기도로의 이물질 유입이 최대한 방어되고 있다고 생각하면 된다. 닭 울음소리를 잘 내서 황제에게 천거됐다는 이야기며, 평소 혐오하던 거미줄 덕에 알렉산더 대왕이 적에게 발각되지 않았다는 이야기도 이쯤에서 떠오를 수밖에 없다.

다양한 종, 면모, 성향, 상태는 그럴 만해서 그런 것이다. 그러해야 하기에 그런 것이다. 다양성의 자연에서, 사회에서, 역사에서 어떤 면이 우성 생존할지는 아무도 모른다. 자연은 순수함, 그러니까 획일화된 상태를 혐오한다. 자연은 끝없이 다양하게 풍요로워지고 서로 뒤섞이고 충돌하며 융합한다. 자연계의 일부인 인간도 그 다양성에 발맞춰야 할 수밖에 없다.

자연의 어머니건 십자가 못 박힌 아버지건 내 사촌동생을 근육병 환자로 태어나게 한 데는 분명 이유가 있을 것이다. 진화론적으로 소멸하지 않은 그 병을 마침 어질고 영리한 내 동생이 앓았고, 그 덕으로 그의 열정과 지혜가 담긴 장애인 권익 개선안이 나올 수 있었다고 말이다. 내가 두 딸을 키우면서 유아차를 밀고 다녔던 그 경사로와 턱 없는 진입로가 삼촌이 조카들에게 주는 선물이었는지도 모르겠다.

경기도 수원에 전국 최대 규모의 무장애 통합놀이터가 개장한다. 장애인 비장애인 관계없이 모든 어린이가 즐길 수 있는 놀이터다. 휠체어를 탄 채 트램펄린에서 뛸 수 있고, 안전벨트로 고정한 그네를 탈 수 있는 곳. 현재는 전국 십여 곳뿐이지만 앞으로 광주시에만 여섯 개가 더 생길 예정이란다.

2022년 장애인으로 등록된 인구는 265만명이 넘는다. 지체 장애의 95%는 후천적 원인에 의해서다. 더 빨라지고 더 무거워진 차량 사고가 대형화한 것도 이유일 것이다. 질환으로 인한 장애 발생률은 이보다 훨씬 높다. 고령화로 휠체어 인구가 급증하는 건 말할 것도 없다. 이것이 인류 생태계가 진행되는 방향이라면 그것을 준비하는 동력이 필요하다. 그 역사의 바퀴를 누군가 밀고 있다. 가장 절실한 동기로, 가장 치열하게, 가장 불편한 몸으로.

그 사명을 다하기 위해 동생이 왔다 간 거라고 나는 생각한다. 녀석은 전국을 돌아다니며 휠체어 리프트가 설치된 식당 지도를 만들었고, 초등학교에서 장애인 인식개선 강사로 일했다. 더 깊은 공부를 위해 사이버대학에서 사회복지학 학위를 땄으며, 부산 근육장애인 협회장으로도 활동했다. 청년 장애인이 여행을 할 수 있도록 후원금 지원활동에도 애썼다. 그리고 하모니카를 불었다. 산소호흡기를 차고도 그 많은 무대에 올라 핸디캡 없는 온전한 울림을 주었다.

물론 이 안에만 동생의 삶이 존재하는 것은 아니다. 손녀딸만 줄줄이던 집안에 태어나 우리 할머니의 똥강아지로도 아름다운 삶이었다. 나 같은 범인이 장애인의 박탈감과 유린된 인권, 그 가족의 노고를 생각하게 된 계기 역시 그 덕분이다.

그리움은 재와 함께 타버리지 않는다. 고운 가루가 곱지 않은 서걱댐으로 가슴 켠에 쌓인다. 동생의 유산은 산 사람들이 앞으로 덧붙여 써가야 하리라. 조금은 철없이 살아도 좋았을 그에게 빚진 마음으로. 사명감에 어깨 무거워 한 번도 무릎 펴고 일어서지 못했던 영주에게 고맙고 미안한 마음으로.

새와 쌀

산에 터널을 뚫어낸 길. 바퀴 달린 강철 덩어리가 아니라면 오토바이라도 맨몸 드러내 다닐 수 없는 길. 소음과 먼지가 심해 길 가장자리로 높은 담을 세워, 먹고 자는 세상과 섞이지 않게 한 이 길에서 어린 까치 한 마리가 걸식하고 있다. 꽃가지처럼 가는 다리를 모아 한 뼘씩 옮겨 뛰며 허연 시멘트 바닥을 해작인다. 자그만 머리, 더 작은 부리. 쿡쿡 찍어대는 저 분별없는 근면함을 어찌할 꼬. 간밤에 바짝 깎은 내 손톱 밑이 다 욱신거린다.

단밤장수 뻥튀기장수도 근접 못 할 이곳에 영민한 너라서 들어와 있구나. 터널만큼 낮게 날지 않는 너의 고고한 비행이 되려 너를 포박하고 있구나. 여기엔 벌레가 살지 않는다. 살아 움직이는 것은커녕 알곡 한 알 없다. 보이는 알갱이라곤 앞차가 튕겨내 차창을 할퀴는 돌멩이뿐. 모래를 먹고도 힘이 날 것 같았으면 뺏고 가두고 산허리에 구멍을 내는 일 같은 건 벌어지지 않았겠지.

너는 좋은 것을 먹고 허접한 것을 버려 알짜의 에너지로 하늘을 나는 시생대의 후손이다. 가슴을 펼치고 날개를 뻗어 하느님 턱수염을 간질이는 조물주의 애기씨다. 그런 네가 찬 바닥에서 걸식하고 있으니 이 벌을 누가 받아야 옳은가. 당장 누군가의 불호령이 떨어진다 해도 모두가 할 말 없지 않을는지.

용케 내 차를 따라온다면 묵은쌀을 뿌려두는 아파트 화단이 나올 텐데. 자전거 바구니에 잣 한 움큼씩 담아 다니는 내 딸들도 만날 수 있을 텐데. 새는 차를 따르지 않고 이정표를 따르지 않는다. 제 뜻대로 하늘길을 내는 새도 굶주리는 일만큼은 뜻한 바 없이 혹한처럼 맞닥뜨린다. 그리고 고스란히 앓는다. 저 조그만 몸뚱이는 금세 닳아 없어지고 말 것이다.

집 가까이 보건소 앞에는 까마귀 떼가 쓰레기 더미를 뒤진다. 퍼즐을 풀 만큼 지능이 높다지만 지금이야 재미 삼아 저러지는 않을 것이다. 하루에도 수차례 구급차가 드나드는 곳. 병보다 기아가 낭패인 처지가 어디 저들뿐이랴. 바람보다 가벼운 몸을 가지고도 중력보다 무거운 허기에 끌려 내려와 욕을 보고 있다.

누군가 투기용으로 사들였다는 볕 좋은 농지에는 버드나무 묘목만 줄지어 말라가고 있었다. 세계 인류의 절반이 굶주린다는데. 하루 10만 명, 5초에 한 명이 굶어 죽

는다는데. 말라 뒤틀린 땅에도 대자연의 모성이 깃드는가. 어머니의 젖이 흘러 누군가의 마른 입을 축일 수 있을 것인가.

어느 해 가을, 충북 진천의 햅쌀이 동이 났다. 이야기는 아프가니스탄에서의 미군 철수로부터 시작된다. 갑자기 사지가 된 곳에서 극적으로 탈출해 온 난민들이 이곳 모처에 임시로 머물게 되었다. 진천군 주민들은 숙소로 가는 길목에 '여러분의 아픔을 함께합니다'라고 쓴 현수막을 내걸었다. 편하게 지내다 가시라는 말도 덧붙였다. 팔랑팔랑 그 현수막을 흔들던 바람으로 키운 진천 쌀이 시장이 풀리자 사람들은 득달같이 달려가 쇼핑몰 홈페이지를 폭주시킨다.

다시 열린 인터넷 상점에서 그 쌀을 사서 나는 아파트 풀밭에 흩뿌린다. 여기저기 구석구석 멀리 던진다고는 하나 누군가의 빈 속도, 나의 빈 가슴도 채워지지 않는다.

2030년은 '제로 헝거Zero Hunger'에 도전하는 해이다.

월말 편지

기승이던 무더위가 가시는데도 여름이 저무는 건 도무지 반갑지가 않습니다. 해가 갈수록 쓸쓸함은 커져갈 따름입니다. 슬쩍 서늘해진 바람에도 비염이 도지는 우리는, 자연계에서 얼마나 위태로운 존재인지요. 짧아져 가는 낮의 끝에서는 또 얼마나 조바심 내며 버둥거려야 할까요.

인류의 노동과 지혜가 총합된 이물 없이, 그저 낱낱의 노력만으로는 해가 멀어지고 달이 기우는 변화무쌍한 우주의 시간을 탈 없이 건널 수 없습니다. 날개니 뿔이니 보호색 같은 것 하나 없는 우리에게 그래도 교감의 기술이 있어 멸종을 피해 온 것이련만, 그마저도 밝고 따시고 풍요로울 때는 더운 손 맞잡는 일을 외면하고 맙니다. 꽉 죄는 속옷이며 양말 한 짝도 걸치기 싫은 벌거숭이 왕으로 사는 것이지요. 앉은 자리 왕국에서의 찰나 같은 화평에 취해 멀리서 들려오는 한숨 소리 같은 건 듣고 싶지 않아집니다.

해가 짧아져서야, 밤바람이 차가워지고서야 사람 아닌 인간으로 사는 일이 떠오르네요. 사람과 사람 사이, 그 사이를 돌보고 메우지 않고서는 생존조차 아슬한 인간의 처지를 말입니다.

놀 것도, 할 것도 많아서 격조했다는 말을 거창하게 늘어놓았습니다.

큰애가 같이 역사 공부하는 팀과 답사를 떠났습니다. 선생님 두 분 인솔하에 아이들끼리만 자고 오기는 처음입니다. 공항에서 진한 배웅을 받고 떠난 각각의 금쪽이들은 청명한 제주 하늘 아래 씩씩한 한 무리의 단체 사진으로 실시간 전송되었습니다. 마스크 차림에 주황색 조끼를 맞춰 입은 아이들을 하나씩 구분하긴 어려웠습니다. 거대한 고인돌 같은 알뜨르 비행장 격납고 앞에 선 마흔 명의 아이들은 그 자체로 하나의 조형물 같았지요. 성장 속도가 제가끔인 열네 살들이 늘어선, 신비하고도 생명력 넘치는 모양새였습니다. 그중 내 아이가 하나의 꼭짓점을 맡아 도형을 완성합니다. 이 시간, 이 공간에서만 감상할 수 있는 단 하나의 작품인 셈이지요.

그러는 동안 어떤 모양새는 조금 이지러지고 맙니다. 가령 빗살처럼 나란하던 네 개의 칫솔 행렬 같은 것 말입니다. 아침저녁 칫솔 함을 열 때마다 한 자루 빠져나간 자리에서 눈을 뗄 수가 없습니다. 빈자리에 공기가 뒤채여 바람이 이는 것만 같습니다. 그 바람에 헐거운 마음이 흔들립니다. 아이들이 만든 먼 섬에서의 작품이 아름다울수록 한집에서 네 식구가 일군 네모반듯함의 어그러짐이 더 크게 느껴집니다. 고작 이틀이면 다시 채워지겠고,

또 고작 얼마 후면 어떻게 변할지 모를 임시의 완성형에 너무 마음 뺏기지 않아야 하는데요.

역사라는 것도 그렇더군요. 고려 삼별초의 항파두리 성을 오르면서 아이들은 이 전쟁이 반란이라는 명칭에서 항쟁으로 바뀌었다는 설명을 들을 겁니다. 대역 죄인이던 추사 김정희가 가시울타리에 갇혀 그린 〈세한도〉가 대한민국 국보가 되었다는 사실도요. 범죄자 처벌이라 자행된 민간인 학살에 대해서도 알게 되겠지요. 세상 모든 전쟁이 어느 영화 대사처럼 의와 불의의 싸움이라면 얼마나 좋겠습니까. 하물며 의義라는 것 또한 해가 멀어지고 달이 기울 듯 시대와 함께 변할 수밖에 없는 거라고 나는 아이에게 말해주어야 합니다. 대신 그건 유감이 아니라 진보라는 것이라고도 담담히 말해주고 싶습니다.

달력을 한 장 넘기니 동그라미 처진 날짜들이 보입니다. 숫자 아래 메모가 쓰여 있고, 어떤 날엔 색칠이, 어떤 날엔 자그만 그림까지 곁들여져 있습니다. 저 동그라미를 징검돌처럼 하나씩 밟으며 세월을 건너는 것이겠지요. 중요한 날, 바쁜 날, 좋은 날, 어려운 날, 그리고 아무 날 아닌 소중한 날들을 차근차근 건넌 뒤 다시 편지 올리겠습니다. 칫솔 갖고 돌아온 지 얼마나 됐다고 또 이런저런 이유로 아이 야단을 치게 되었단 이야기, 이번엔 제가 칫솔 챙겨 어딘가 다녀왔다는 이야기를 전하게 될 것 같습니다. 그때는 맞았지만 지금은 틀렸다고 고백하는 이야기와 전에는 못했지만 이제는 할 수 있는 이야기도 함께 전하기를 바랍니다.

그때까지 평안하십시오. 조금은 쓸쓸하거나 뜻하지 않게 휩쓸려도 됩니다. 안도하며 기뻐했는데 나중 보니 선불렀더라 하셔도 좋고, 순간 언짢았으나 지나고 보니 별것 아니었더라 하셔도 괜찮습니다. 달력 한 장 넘기면 또 새로운 장이 나타나는걸요. 시치미 뚝 떼고 새날을 누리십시오. 자전 공전 이렇게 해대는데 흔들리지 않고 사는 수야 없지 않겠습니까.

뜯어낸 종이는 막내가 쪼르르 달려와 가져가네요. 하얀 뒷면에 오색찬란한 우주를 그리기 시작합니다.

전쟁

새 아파트 입주철이었다. 낯선 곳에 낯선 사람들이 들락거렸다. 하루에도 여러 번 택배 기사가 문을 두드렸고, 가전제품 설치 기사들이 집안까지 들어왔다. 새 학기가 한참 지난 후라 여름방학까지 마저 쉬고 유치원에 보내기로 한 딸과 둘만 있는 집이 몹시 넓고 설었다.

오전부터 초인종이 울려 모니터를 보니 할머니 두 분과 아이 하나가 서 있었다. 우리 애보다 어려 보이는 꼬맹이였는데 떡 접시를 들고 앞서 있었다. 그 모습이 귀엽기는 해도, 어른이 둘이나 있으면서 아이에게 짐을 맡긴 게 마뜩잖았던 나는 얼른 접시를 받아주려고 현관문을 열었다.

물론 그녀들 중 누군가가 아이의 진짜 할머니일 수는 있다. 그러나 서로 인사나 나누자고 온 진짜 이웃은 아니었고, '좋은 말씀' 전하러 왔다고 했으나 그들은 진짜 교인이랄 수도 없다. 종교 간 분쟁에 대해서라면 알고 싶지도, 궁금하지도 않은 나지만 최소한 사람을, 아이를 선전의 도구로 객체화하라는 교리는 세상에 없을 테니까. 반드시 그래야 하니까.

삼십여 년 전 동시통역이 떠듬떠듬 소식을 전하던 걸프전 이후 또다시 TV 화면에 전쟁이 담긴다. 홍콩 사태, 미얀마 항쟁만으로도 충분히 가혹한 폭력의 비린내가 다시 꾸역꾸역 타전돼 온다. 어릴 적 공상 과학 소설에서나 등장하던 작금의 시기에도 총칼로 사람을 찌르고 포탄을 쏘아대는 일이 생길 줄은 몰랐다. 냉전이라는 말조차도 구식이 돼버린 지금 저토록 노골적이고 비열한 싸움이라니. 나는 도통 실감이 나질 않아 애써 못 본 척도 해본다.

또 아이다. 또 내 마음 안으로 벌컥 들어오고 만다. 인형처럼 예쁜 금발의 다섯 살배기부터 열 살, 열한 살 남녀 아이 다섯 명. 이들은 모스크바에 있는 우크라이나 대사관 앞에서 전쟁 반대라고 적힌 포스터와 꽃을 들고 서 있다가 러시아 경찰에게 체포되었다. '반대'라는 단어의 철자를 불러 주었을 부모 두 명도 함께 호송차에 실렸다. 전시 중에 라이프지 표지 사진 같은 낭만을 기대했던 여론은 공분했다. 먼 나라 여론은 그럴 수 있다. 낭만을 기대할 수도 있고 뜻대로 되지 않았을 때 SNS로 분노를 표출할 수도 있다. 하지만 애들 부모라면 아이들을 전장에 데려가는 짓은 하지 않아야 하는 것 아닌가. 먼 나라 애 엄마도 알만 한 위험에 왜 아이들을 걸고 도박을 했던가.

물론 전쟁에는 오직 이기기 위한 전략과 실천만이 필

요할 따름이다. 그 절박함 안에는 상식이나 철학 같은 게 들어설 자리가 없다. 늘 전시적 긴장감과 전투력을 요하는 사이비 종교의 전도 행위도 누군가의 현관문을 열게 만드는 데 도움이 되냐 아니냐로 나뉠 뿐일 것이다. 그 방법이 통한다면 잠시 신앙을 부정하는 척하는 일마저도 용인될 테니까. 꽃가지 같은 아이들 손목을 비튼 러시아의 잔혹함을 비난하는 동시에, 나는 그 애들을 프로파간다의 꽃으로 쓴 부모에 대한 개탄도 감출 길이 없다. 전쟁이란 원래 그런 것이라고는 하나, 아이들은 그런 대접 받아선 옳지 않다.

애초 전쟁에는 품격이 없다. 천박한 목적이나 또는 영예로운 명분씩이나 있다 하더라도 전쟁 그 자체에는 품격이 없다. 어느 진영이든 어떤 사명으로든 품위 있게 싸울 수는 없다. 은유적 표현의 전쟁이 아니라 말 그대로 목숨을 앗고 지키는 진짜 전쟁터에서 꽃도, 아이도 적군 아군으로 나눠 무찔러야 할 대상에 다름 아니게 된다.

이 끔찍하고 멍청한 일이 왜 지금에도 벌어져야 하는지. 가습기 살균제가 시장에서 완전히 사라졌듯, 이제는 아무도 DDT 살충제를 몸에 뿌리는 사람은 없듯, 전쟁이라는 반근대적이고 반생명적인 물건이 왜 아직도 이 세상에서 완전히 도태되지 못한 것일까.

전쟁이라는 말, 생이별이라는 말 따위는 비유로만 남아 있으면 족하다. 진짜 가족을 전쟁터로 내보내고 헤어지고 잃고 죽음을 맞는 일로서가 아니라.

러시아가 침공을 시작한 지 한 달 만에 우크라이나 난민이 삼백만 명을 넘어섰다. 이중 미성년자 숫자가 절반이다. 1초에 한 명씩 나라 잃고 떠도는 어린이가 생겨난 것이다. 모국. 엄마의 태반에서 떨어져 나간 아기들이 밥보다 온기가 끊겨 죽어가고 있다.

일희일비란 이런 것

오전만 해도 운전석에 열선을 켜고 왔다. 그런데도 손이 시려 죄지은 사람처럼 양손을 싹싹 빌면서 왔다. 오후 세 시 볕바른 주차장에서 다시 차에 오르는데 이번에는 뜨거워서 질겁한다. 의자에 찬 바람 나오는 버튼이 어딨더라 두리번대는 꼴이 우습다. 큰일 하긴 글렀다. 엊그제 아이에게 일희일비 말뜻을 일러줬더랬다. 사소한 일로 기뻤다가 금세 슬펐다가 또 화냈다 좋았다 뭐 그런 거야. 나네 나, 아빠가 먼저 머쓱해했고, 나도네 뭐, 엄마가 실소하자, 다들 그러지 않나? 아이가 일갈했다. 그래, 우린 다 큰일 하긴 글렀다.

작은 글 한 편을 쓴다, 이 작은 에피소드로. 어디 내놓기 쑥스러운 봄날의 변덕, 호들갑, 잔망스러움을 부끄러워하며. 고만고만한 이들과 어울려 면구스러운 줄도 모르고 산다. 글 쓰는 일로나마 누려보는 소회인데, 그렇다고 앞으로 이렇게 안 산단 말은 아니다. 일희일비 계속 뒤죽박죽 할 거라 희 앞에 몸 사리기도 하고 비 앞에서 배짱도 부려보는 것 아니던가. 이런 식으로 울퉁불퉁한 삶을 자박자박 살아내는 거다.

이야기 하나 더. 우리 집에 분재 소나무 한 그루가 있다. 남편이 선물 받은 것으로, 일전에 사무실에서 바싹 말려 죽인 이래 두 번째는 집으로 가져왔다. 요강 단지만 한 청자에 흙과 나무가 옹차게 무거웠다. 창 가까이 두어 수시로 문을 열고, 볼 때마다 분무기로 골고루 적셔준다. 얼마간에 한 번은 베란다에 내놓고 인공강우를

제공해 아래층에서 비가 오나 싶을 정도로 흠뻑 물을 준다. 물기야 벌써 흙 전체에 스몄지마는 빗줄기가 잎을 간질이는 그 스킨쉽만큼은 무엇으로도 대신 해줄 수 없을 것 같아서다.

사나흘에 한 번 흰머리도 뽑아드린다. 정성 들여 모신다곤 해도 솔잎 몇 개씩은 꼭 하얗게 말라 살짝 잡아당겨도 톡 뽑혀 나온다. 그 덕에 어르신이라는 별칭을 얻고 손주며느리의 봉양이 지극해졌다.

정갈한 삼각형의 실루엣과 중후한 손바닥을 닮은 기둥 표면의 텍스쳐. 문무를 통달한 호걸의 위용이 느껴진다. 발치 아래 큰 바위를 밟아 재우고, 납작 엎드린 이끼들을 보듬은, 엄연한 소나무 한 그루다. 그러나 가까이 다가가 보면 비탄스러워 눈물겹다. 칭칭 동여맨 쇠사슬 때문이다.

뜻대로 자라서는 안 되기에 옛날 중국 미녀들의 전족처럼 가지마다 굵은 철사가 옭아매져 있다. 쇠의 악력을 이기는 만큼만 나무는 자랄 수 있다. 그러니까 아마 거의 자라지 못할 것이다. 흰머리 뽑힌 자리에 간혹 새잎이 나긴 해도 소나무 영감님은 일희일비하는 인간사를 조롱하며 기개 있게 하늘 향해 뻗어나가지 못한다. 오늘도 푸르게, 오늘도 아름답게 현존할 수는 있어도 우렁차게 떨쳐갈 내일이 없다.

작아도 괜찮고, 요강에 의탁해도 좋지만 한 치도 나아갈 수 없는 생이라니. 더할 것도 뺄 것도 없는 것을 두고 완벽이라 한다지만, 흔들리는 삶에서는 제자리에 가만히 있기만도 앞뒤 옆 바지런한 움직임이 필요하다. 그림같이 아름답게 서 있어서는 넘어지지 않을 재간이 없다. 잔발 종종거리는 게 답이다. 한쪽 무릎 찌그러트려 다른 발 내딛을 각도를 만들고, 그렇게 한 뼘 나아가기도 하고, 밀거나 당기는 힘에 끌려가기도 한다. 그래야 아까보다 못한 자리까지 후퇴할지언정 자빠지지는 않는다.

자비 없는 비悲에 붙잡혀 한없이 끌려가다가도 손톱만한 희喜 하나가 우리를 또 불러 세우는 법이다. 국가대표가 세계대회에 나가 금메달을 따든, 우리 막내가 서른 조각짜리 퍼즐을 완성하든 기쁘다, 장하다, 자랑스럽다 하는 감정은 그 크기가 다를 순 있어도 본질은 똑같이 우리를 벅차오르게 한다. 기쁨이 작다고 하여 다른 것이 되진 않는다는 말.

그래서 일희는 사소하고 흔한 것이어도 희했으니 감동이요, 일비 또한 아무리 작아도 비한 것이니 충분히 슬퍼하고 위로 나눌 만하다. 수차례 자살 기도를 할 만큼 우울증에 시달린 환자가 "내 병이 보스니아, 르완다 사태보다 심각할까"며 자책했다 한다(엘리자베스 워첼, 〈프로작 네이션〉). 그 자책이 다시금 병을 더 키우겠으니, 한 줌의 비도 한 무더기의 비도 모두 일비, 즉 하나의 비극으로 완전히 이해되고 이해하는 세상이 되길 바란다.

딸아. '일희일비'는 이제 이런 뜻으로 써도 좋겠다고 엄마는 덧붙인다. 일희일비는 교만이나 절망을 돌파하는 성실함이라고. 일희만도 일비만도 말고 되는대로 이것저것 조금은 잔망스럽더라도 대차고 천연덕스레 일희일비하여라. 일희 뒤에 온 일비도 그저 지나갈 하나의 슬픔일

뿐이며, 큰 일비 뒤에 붙은 자질구레한 일희도 비극 하나를 상대하는 명징한 기쁨이니 주눅들지 말고 겸연쩍어 말고 양껏 웃고 즐겨라.

네 말대로 다들 그러고 산다. 그러니 소나무 기백도 없는 우리들이 작은 일들 보짱 있게 해내며 한 뼘씩 우주를 밀고 나가는 것 아니겠니.

space out no.8, 29.7x21cm, 먹 드로잉, 디지털 혼합매체, 2020

#손발 얼어붙을 땐

정수리 따끔거리던

여름 땡볕이 그리워진다.

한여름에는

찬바람 한 줄기가

아쉬울 거면서.

잔망스러운 이내 몸은

오늘 밤도

등허리는 뜨뜻하고

이불은 찹찹하게

잠들면 좋겠다.

탈옥

목구멍까지 눈이 차오른다. 땅보다 내려앉은 집. 침침한 창밖으로 때를 가늠하기 어렵다. 새벽인가. 밤인가. 냉장고를 연다. 두부 한 모. 냉동실에 열빙어 한 봉지, 싱크대 아래 누룽지 가루. 어디선가 땅콩 한 줌쯤 찾아낼지도 모르겠다.

한낮 햇살이 밤새 써 내린 눈을 지우지 못한 채 다시 어둠 속에서 눈의 속기가 시작된다. 강철 자동차로도 빽빽

한 눈의 서사를 뚫을 수 없다. 이런 날엔 길고양이도 함부로 나서지 않는다. 땅의 일에 초연한 새들만이 흰 눈으로 봉인된 봉투에 발자국 인장을 찍는다. 중력에 끌려다니는 것들은 함부로 열 수도, 읽을 수도 없도록.

눈이 내리지 않는 날에도 노인은 갇혀있다. 빠삐용 죄수복 같은 줄무늬 벽지. 단호하고 타협 없는 흑백의 창살 안이다. 간격은 자꾸만 좁아지다가 어느 날 아코디언 높은음을 내며 모든 것을 압살하고 말 것이다. 노인은 벽지를 피해 책상 밑으로 몸을 숨긴다.

웅크려 앉은 옆으로 노트 십수 권이 쌓여있다. 월별 일정이나 연락처 따위가 기록돼 있지만 대개는 그날의 일기가 쓰여져 있다. 펼쳐 읽은 기억은 없다. 가끔 꺼내보기도 하던 때는 아직 뭔가를 쓰던 때다. 삐그덕대는 수레를 가득 채워 하루하루 밀어내던 시절. 도무지 바퀴가 구르지 않을 때면 잠시 지나온 시간을 펼쳐 더듬곤 했다. 그 안에 토사물 같은 글들이 말라붙은 채 갇혀 있는 것을 보면 조금 마음이 놓였다. 기어코 혼자 산골 집으로 거처를 옮긴 건 이 노트 더미를 이곳에 가둬두려는 목적도 있었을 것이다.

아궁이에 불을 붙인다. 모아둔 땔감은 이제 바닥을 드러낸다. 무쇠솥을 올리고 물을 채운다. 그리고 노트 더미를 꺼내온다. 한 권씩, 아래에 깔린 것부터 불 속에 집어던진다. 다행히 활자들은 기화하지 않고 연기와 역한 냄새로만 솟구친다. 증기까지 엉겨 모든 것이 희붐하다. 흑백의 직선도 흐릿해진다. 불길이 아슴해지면 벽지를 긁어내리라.

눈이 잠시 기다리고 섰다.

어쩔 수가 없다

어쩔 수가 없는 건 정말이지, 나도 어쩔 수가 없더군요.

온전히 켜진 빛보다 깜박이는 점멸등이 사람을 더 이끄는 법이다. 뚝뚝 끊어진 점들 사이를 이어주고 싶은 마음. 흐릿한 그의 미소에 나는 애가 났다.

할 수만 있다면 그를 위해 고발장이라도 대필하고 싶었다. 그러나 수신처를 떠올리다 그만 까마득해지고 만다. 폭력적인 가난, 허기만큼 끈질긴 수치심, 무능하고 우울한 아버지, 그리고 허무로 전이된 가족 간의 돌림병 같은 것. 대체 어느 부서에 이러한 항의를 접수한단 말인가. 동 시절에 깨끗한 교복을 입고 학교에 다녔던 내가, 과연 이 일을 문법에 맞게 써 내려갈 수나 있을까. 텅 빈 마당에서 갈 곳 없이 서성이던 그를 위해 이제 와 열 장, 스무 장 편지를 써 붙인다 한들 그 또한 명멸하는 빛으로는 읽히지 못할 것이었다.

아무 말도 뱉을 수 없는 입안이 힘없이 젖어왔다. 나는 어쩔 수 없이 그를 바라보기만 했다. 어쩔 수 없는 미소 같은 게 내게로 건너왔다.

몹시도 묽은 눈이었다. 매듭진 데 없이 순하고 옅은 눈빛이었다. 검질긴 것이 오래도록 치대어지다 끝내 풀어진 듯 보였다. 처음에는 그 씁쓰레하고 거친 것, 그러니까 어쩔 수 없는 것들이 두 손에 닿는 것도 싫어서 길길이 뛰며 사방천지에 하소연을 했을 것이다. 어린 날엔 울분마저 싱싱하고 힘찬 법이다. 그러나 수신인을 찾을 수 없는 수만 장의 원망들은, 종내는 입고 있던 옷까지 뜯어 내 쓴 그의 고발장들은 이제 그만 검은 가마솥을 끓이는 쏘시개가 되었다. 그는 그 안에 어쩔 수 없는 것들을 오래 불리고 끓여 아직 뜨거울 때 불 곁에 앉아 먹는다. 헐벗은 그가 여태 연명할 수 있었던 건 아이러니하게도 창틀과 처마 밑, 담벼락에까지 널려 있는 어쩔 수 없는 것들 때문이었을 것이다.

그것들은 비바람에 낡기는 하여도 곰삭지 않았고, 새로이 바스락대며 생채기를 건드렸다. 새 진물이 배어 나올 때마다 번번이 아파야 하는 처지는 고되었으나, 그마저도 없었다면 그는 벌써 허무의 영토로 스며들었을 것이다. 그는 송곳니를 뽑는 쪽을 택한다. 갈고 뭉개던 어금니까지 뽑아 버렸다. 그런 뒤 어쩔 수 없는 것들을 오래오래 끓여 내기 시작했다. 한 줌만 넣어도 한 솥 가득 불어나 여러 날을 버틸 수 있게 해주는 묽은 죽으로. 그의 눈이 묽고 흐린 것에는 필시 그런 까닭이 있을 것이다.

고개를 떨군 나는 그의 가만한 등에 손을 대는 일조차 하지 못했다. 집으로 돌아와 아이들을 단도리할 내 손끝이 젖을까 봐. 어쩔 수 없는 것들이 풍기는 매캐한 내음이 묻을까 봐. 나는 그런 것들을 다 닦아내고 털어낸 뒤 집으로 향한다. 나는 어쩔 수 없으면 안 되는 사람이라서, 아직 덜 자란 아이들이 엄마를 관세음보살로 알고 있어서 나는 단단한 모습으로 아이들을 맞는다. 가로로도, 세로로도 힌트를 얻을 수 없는 십자말풀이 앞에서 초성 하나라도 채워 넣어야 하는 나는, 아직까지 어금니를 앙다물지 않을 수가 없다.

옷을 버렸다고 울상인 막내에게 괜찮다고 말해준다. 그림을 망치고, 머리핀을 잃어버리고, 손가락이 베이거나 다리가 아파도 엄마가 있으니까 해결할 수 있다고 한다. 친구 일로 서러운 큰애에게도 엄마가 지켜줄 거니까 다 괜찮다고 말한다. 앞으로 마주할 실의에 대해서도 바로잡아 주고 통탄해 주고 꼭 안아주면 된다. 그걸로도 안 되면 함께 울면 된다. 너의 눈물은 내 품에다 모두 떨궈

내고 너는 고슬고슬 새로 지은 밥을 먹고 어떻게든 해 볼 수 있는 세상 속으로 나아가면 된다. 되직하게, 쫀쫀하게, 땡글땡글 새 걸음을 딛고 새 슬픔과 새 아픔에 그때마다 길길이 맞서 싸우기를 바란다.

어쩔 수 없는 것들과 더 이상 다투지 않는 그는 이제 새 종이에 새 글을 지으며 살아가고 있다. 그런 그에게조차 나는 괜찮을 거란 값싼 위로 한마디 건네지 못했다. 내가 당신을 괜찮게 만들겠다는 의지를 담아 보낼 수가 없어서, 나는 비겁하기도 무섭기도 하여서 어쩔 수 없는 것을 버려두고 혼자 앓았다. 잠깐 그러했다.

이처럼 어쩔 수 없는 건 어쩔 수가 없다는 걸 하나씩 알아가는 일은 철드는 일인가, 철없는 일인가. 세상 이치를 알아가는 일인가, 지워가는 일인가.

안 하느니만 못하다?

"운동을 15분만 해도 효과가 있을까요?"

물론 있다. 3분이라도 하는 편이 낫다. 3일이라도 해내는 작심이 아무것도 하지 않는 편보다 낫다. 3분 운동이 나쁜 경우는 3분어치 땀 흘려놓고 그보다 더한 효과와 보상을 꾀할 때뿐이다.

시작이 반이라 했거늘, 참여하는 데 의의가 있다 했거늘, 미완의 작품조차 작품이라 불리우거늘, 지향하던 결과가 안 나왔다고 해서 그 길을 향한 걸음걸음들이 없던 일이 되거나 무용해지는 게 아니다. 삶에 있어 결과라는 것은 딱 한 번 나온다. 죽을 때. 그때까지 우리는 눈앞의 시험지를 차근차근 풀어갈 따름이다. 모든 것이 합산된 최종 점수는 제일 마지막 날에나 알 수 있다.

"모 아니면 도!"

배짱 좋게 들리는 이 말도, 훗날 거의 아무것도 이루지 못한 때를 대비해 미리 깔아두는 변명에 지나지 않는다고 본다. 삶에는 윷판처럼 눈금이 그어져 있지 않을뿐더러, 고작 네 개의 윷이 만들어내는 확률의 수보다 훨씬 다양하고 복잡한 경우가 펼쳐진다. 게임에서든 삶에서든 모나 개, 성숙을 향한 그 어떤 자그마한 움직임도 의미가 있다.

작은 성취에 작은 만족할 수 없는 사람. 만족은커녕 자책하고 자괴하는 사람. 이런 사람이 큰일을 해내는지 모른다. 이런 선구자는 필요하다. 이들이 포기하지 않고 독하게 이뤄낸 것들을 우리는 공짜로 누리며 산다. 그 정신 흠모하며 마음 가다듬는 것으로 푼돈이나마 값 치른다. 방학마다 위인전 독후감 쓰기가 숙제인 데는 이유가 있다.

백제의 명장 계백은 나당 연합 5만 대군과의 황산벌 전투서 앞서 살기보다 죽기를 각오했다. 5천 명 부하 앞에서 사기 드높이느라 한 소리가 아니라 진짜로 자기가 질 것을 알았다. 패배한 통수권자의 말로가 어떨지는 당시 너무나 뻔했기에 "살아서 적의 노비가 됨은 차라리 죽음만 같지 못하다"며 아내와 자식들을 제 칼로 베고 전장에 나섰다. 그 한 맺힌 귀멸도가 얼마나 많은 적을 자비 없이 무찔렀을지 짐작할 만하다.

그는 네 번째 전투까지 승리한다. 다섯 번째에 절명키는 하였어도 그는 열 배나 많은 적을 상대해 이기고 돌아온다. 승리의 밤, 야전 침상에서 그는 식구들 생각을 했을까. 자기 손으로 거둔 어린 아들의 목숨을 떠올렸을까. 후회하지는 않았을까. 아마 그러지는 않았을 것이다. 그때쯤 그의 머릿속에는 한 놈이라도 더 베고 갈 생각밖에는 없었을 거다.

한 회사를 대표하는 우리 남편만 해도 작심한 목적지에 다다르기 전에는 뒷좌석 아이들 말장난에 대꾸해 줄 여유가 없고, 무턱대고 새 식당 새 메뉴에 도박 걸지 않는다. 그래서 주말 운전은 늘 내가 하고, 차 안은 시끄럽고, 새로 연 가게를 흘깃대느라 우회전 타이밍을 놓치곤 한다.

나는 작건 크건 기쁘고 흥미로운 한 걸음이 재미지다. 부산스레 헛디뎌 뒤로 한참 굴러떨어지는 해프닝도 사랑한다. 아니 사랑한다고까진 할 수 없지만 오랫동안 그 때문에 침통해하지 않는 정도라고 해두자. 나는 이토록 대책 없는 낙관과 재생력으로 오문과 우문 가득한 글을 내놓고도 저녁밥이 맛있는 것이다. 작가가 천직이다 우왕좌왕 육아까지도 적성에 맞다.

나는 무언가 시도하는 사람으로 남길 원한다. 승패와 득실을 재느라 실패할 기회마저 놓치지 않기를. 물론 나 아닌 다른 이의 대가까지 치러야 할 일이라면 볼만장만

해야겠으나 미수의 허망함을 핑계 삼지는 않으려 한다. 안 될 게 뻔한 일에는 자중 없는 성실함으로 들이대 보고, 때론 하나 마나 한 위로라도 성심을 다할 것이며, 괘씸한 바위 향해 달려드는 달걀 부대원도 되어보리라. 그렇게 두리번거리다가 내가 꼭 봐야 할 것을 보고 해야 할 일을 깨달아 내 목소리, 내 달란트로 그것의 마땅함을 전할 수 있다면 나는 이 잔재주를 가지고도 넘치는 삶을 산 것이리라.

해야 할 일이 있는데 안 하느니만 못한 것이 될까 봐 고심하던 어느 날이었다. 엄마 곁을 떠나 언니 방 이층침대에서 자보겠다고 베개 챙겨 떠났던 둘째가 새벽에 슬그머니 내 품을 파고든다. 훌쩍훌쩍 실패하고 말았다며 자조하는 아이에게 용감했던 첫 시도를 치하하며 내 답을 얻는다. 그래. 늦더라도, 조금이라도, 원래만 못하더라도 한번 해보기나 하자.

안 하느니만 못하다는 말은 아마도 진짜 아무것도 하지 않는 사람이 만들었을지 모른다. 게으름뱅이, 겁쟁이,

구두쇠 군단이 뭐라도 하려는 사람을 자기네 수준으로 끌어내리기 위해, 그래서 자기들의 결행 없고 용기 없고 성의 없음을 눈에 띄지 않는 곳에 쑤셔 넣으며 시선을 분산시키기 위해서 말이다. 범박한 일이나마 안 하느니만 못 한 것은 없다.

삼 일짜리 작심도, 삼 분짜리 운동도, 어렵사리 꺼낸 고백이나 무모한 일탈조차도 의미가 있다. 마음먹고 움직인 모든 실천을 응원한다.

당신이 읽는 것이 당신이다

자전거 배울 때를 생각해 본다. 중요한 건 시선이다. 넘어지면 어떡하나 바닥을 보고 가다간 바닥으로 고꾸라지기 십상이다. 멀찍이 가야 할 곳을 바라보며 페달을 밟는다. 그러면 거기에 닿게 된다.

스노우 보드를 배울 때도 그랬다. 비스듬히 내려가다 펜스 앞에서 방향을 틀어야지 하고 마음먹으며 그 지점을 정확히 응시한다. 그러면 거기에서 멈추어지고 관절

이 꺾어지고 근육이 협응해 무게 중심이 옮겨진다. 올여름에는 서핑을 배워볼까 하는데, 아마 물길에서도 원리는 같을 것이다. 응시. 가고자 하는 곳을 바라보는 것. 그냥 보는 것이 아니라 샅샅이 읽어내는 것.

그러니까 아마도, 내가 읽는 것이 곧 나일 것이다.

누군가를 만나면 손부터 읽는 나는 손의 역사에 관심이 많은 사람이다. 옷이나 화장 같은 것으로 가려지지 않는 손. 마음먹은 것의 실행 영역에서 그이의 공공연하거나 내밀한 일을 해온 손. 집중해 바라보고 찬찬히 짐작하면 그 손의 연대기를 읽을 수도 있지 않을까 궁리해 본다. 그렇게 무수한 관찰일지가 쌓여 거대한 데이터가 된다면 어떤 손과 악수를 나누고, 어떤 새끼손가락에는 함부로 걸지 말아야 할지 알아채는 날이 오지 않을까.

상대의 신부터 보는 사람도 있다 한다. 걸친 의복 값부터 셈하는 사람도 있을 것이다. 머리숱이 고민인 사람은 누군가의 모발부터 바라볼 테고, 내가 둘째를 기다리며 난임 병원에 다닐 때는 길거리에 배부른 임부만 보였다. 차를 바꾸고 싶은 남편은 요새 차만 본다. 본인의 소망이나 욕구, 가치관과 열등감까지 그 시선 안에 담겨 있다. 단순히 보는 게 아니라 한 줄씩 한 자씩 더듬어 읽는 것들 속에 내가 있다.

손을 읽으려 드는 나는 옳다고 믿는 걸 실천하기를 중요하게 여기는 것이다. 그 어떤 기준이나 감정, 취향조차도 마음이나 머릿속에 가만히 진열해 두는 것만으로는 의미가 없다. 누군가에게 보여주고 싶어서가 아니라 내 안팎을 더 공고히 하기 위해 밖으로 파장을 내보낸다. 코어의 갈망을 외연으로 표출하는 것은 내진 설계가 잘돼 부러지지 않는 건물과 같다고 나는 생각한다. 내외부의 주파수를 동일하게 맞춰 긴밀히 소통하는 것. 담뿍 젖은 내면의 물기를 밖으로 날려 보내 쾌적한 습도를 유지하는 것. 마치 안과 밖이 경쟁하듯 마음먹고 행동하기를 선순환해 스스로 기특해지는 길로 나아가는 것. 내 손을 살피고 남의 손까지 엿보는 까닭이리라.

오늘 도서관에서 빌린 책은 〈단어의 집〉, 〈하이클래스 골프〉, 〈나를 알기 위해 쓴다〉이다. 시인 안희연이 스쳐 지나다 마주친 단어 앞에 오래 쭈그리고 앉아 들여다본 감상을 읽는다. 흔한 말 안에 흔하지 않은 속내를 찾아 읽고 듣고 냄새 맡는 작가의 감각을 배운다. 토독, 내 손에도 잡히는 무언가가 있어 새 글 한 편을 쓰기 시작했다. 참고 그림과 사진으로 가득한 골프 서적도 자기 전에 들춰본다. 밑줄 긋고 별표 치는 건 손가락과 광배근, 허벅지에다 해놓고 내일 연습장 내려가서 두어 시간 몸으로 톺아보아야 할 것이다.

이 모든 것은 나를 알기 위함이다. 오래전에 만들어진 나, 그때의 모모한 일로 곰보자국 남은 나. 헐거운 어딘가 때문에 기우뚱 일그러진 나, 다독다독 매만져 조금은 봉긋해진 나. 그리고 지금 쌓아가는 나, 뜻한 것이 있어 그쪽으로 살살 데려가는 나. 모든 나를 알기 위해, 또 이루기 위해 나는 읽는다. 거울도 보고 도서관도 가고 남의 손도 본다. 동시대를 살아가는 여성들도 보고, 다가올 날의 빈칸을 함께 채워갈 아이들 형편도 살핀다. 그러면 해야 할 일이 보인다. 그것만 보인다.

그렇게 오늘은 이 글을 쓴다. 당신이 읽는 것이 곧 당신이라고 적어둔다. 내가 평소 무엇을 응시해 읽어내는지 떠올려보는 그대를 위해 쓴다. 혼자서는 살 수 없으니까, 건강하고 유연한 '나'들이 모여 평화로운 우리로 사는 일을 꿈꾸면서.

아침에 눈 영양제를 먹고 나왔던가?

space out no.5, 29.7x21cm, 먹 드로잉, 디지털 혼합매체, 2020

#내 방을 열어 보인다.

거기에 내 취향이 있고, 가치관이 있고, 삶이 있다.

내가 자각하지 못하는 나를

어쩌면 바라보는 당신이 찾아낼지도 모르겠다.

3.

나와 당신, 그리고 딸들,
우리들의 엄마,
또는 당신이 사랑하는 그녀,
함께 살아가는 여성에 대하여

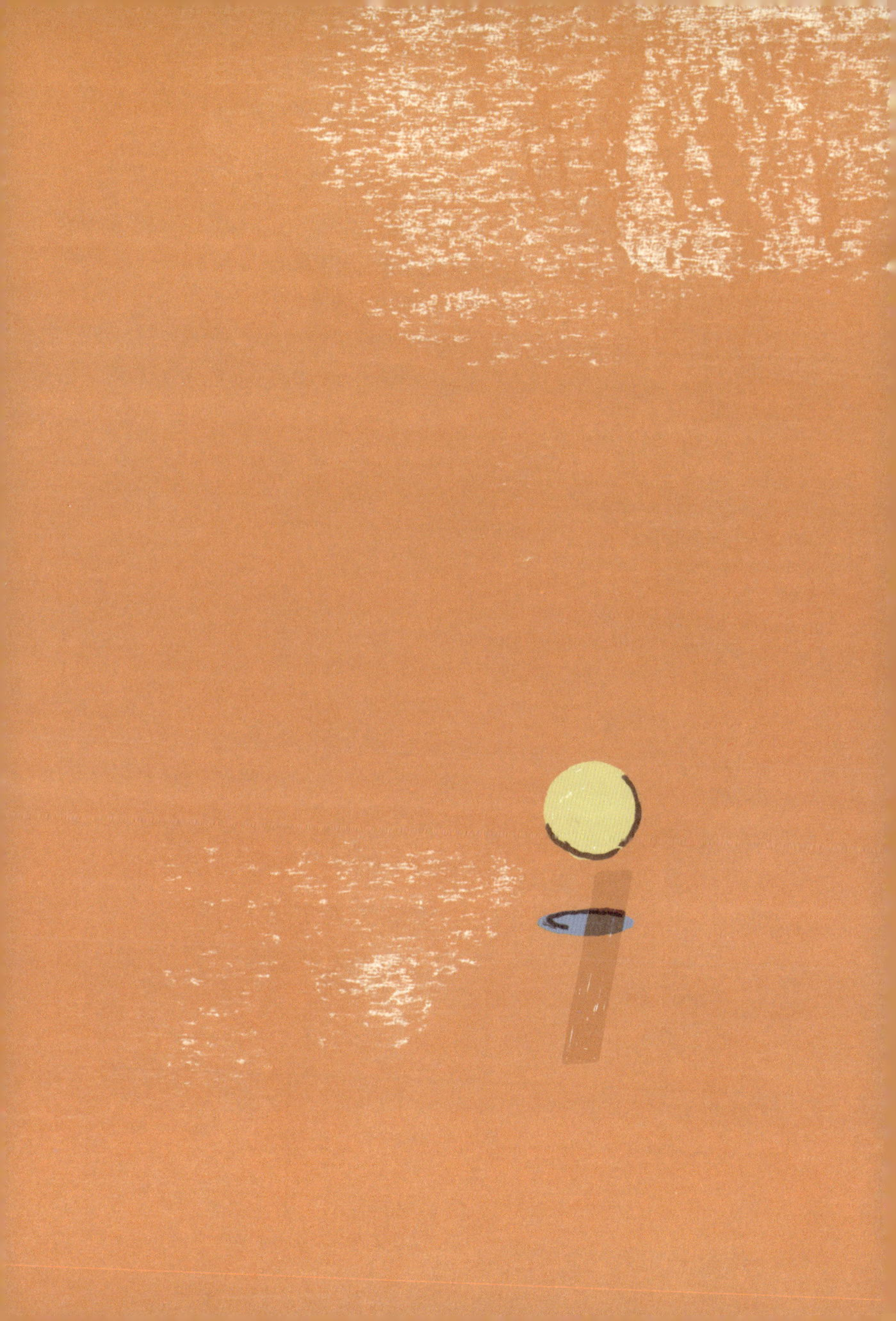

마미단

수화기 너머 큰애가 울먹인다. 수학 시험이 어려웠던 데다 뒤 문제는 다 풀지도 못했단다. 나는 당장 편의점에 가서 간식을 잔뜩 사 먹으라고 말했다. 자신감을 갉아먹는 건 공복감이라고, 이럴 때일수록 든든하게 배를 채운 뒤 등을 활짝 펴야 한다고.

그렇다. 위장이 비고, 성적이 모자라고, 지갑이 홀쭉하면 기가 죽는다. 그중 제일은 체력이 떨어질 때다. 몸이 아프면 정신이 피폐해진다. 세상만사 짜증나면서 자기 연민에 허우적거리게 된다. 나약하고 볼품없는 나. 몇 년 전 허리 디스크로 고생할 때 막내딸 고사리손 안마는커녕 아이가 가까이 다가오는 것도 싫었다. 이깟 통증 앞에 무너지는 얄팍한 모성애가 한심스러워 그런 밤엔 더욱 잠들기가 어려웠다.

가톨릭의 어느 극단적 교단에는 육체적 자해를 행하는 봉헌 의식이 있다. 스스로에게 채찍질을 가하고 얼음같이 차가운 물로 샤워하는 등의 고행을 자처하는데, '마미단'이라는 도구가 악명 높다. 철제 갈고리로 엮은 이 밴드를 허벅지에 칭칭 감으면 움직일 때마다 갈고리가 살갗을 파고든다. 하루 얼마간의 극심한 통증을 통해 절대자의 숭고한 고통을 함께 느낀다나. 이 고행의 핵심은 아마 무력감일 것이다. 단련되지 않는 고통 앞에 끝없이 무너지면서 스스로의 나약함을 절감하고 절대자에게 귀의하는 것. 이 교단의 맹렬한 복종심은 절대자를 높여서가 아니라 자신을 찢어발기고 낮추어서 만들어지는 모양이다.

내 딸에게도, 내 여동생에게도 한 달에 한 번 스스로를 좀먹게 하는 마미단이 있다. 생리통. 아랫배는 말할 것도 없고, 허벅지가 끈으로 묶어 세게 잡아당기듯 아프다고 한다. 배란통이며 생리통이며 나도 모르는 바는 아니지만 동생처럼 심하지는 않았다. 어린 딸이 끙끙 앓고 엉엉 울면서 손톱으로 벽지를 긁어대는 모습을 부모님은 어떻게 견뎠을까. 한의학, 양의학에 민간요법과 산골짝 소문까지 찾아다니던 아버지였다. 이제는 우리 큰애가 그렇게 아프다. 한 세대가 넘어가도록 여자들이 다달이 겪는 고통 같은 건 사라지지 않았다. 다음 달이면 또 아플 것이고, 나도 딸도 어쩌지 못할 무력감에 시달릴 것이다. 여자여서 안 될 거야, 하는 지경에까지 이르지 않기만을 바랄 뿐이다.

둘째 임신 때 입덧으로 하도 토하다 보니 역류성식도염이 궤양으로 이어졌다. 하는 수 없이 대학병원에서 진료를 보고 약 처방을 받았다. 태아에게 전혀 해롭지 않나요? 나는 재차 물었다. 동물실험을 마친 약입니다. 남자

의사의 대답은 너무나 간명해서 문장 뒤의 여운 같은 것은 없어 보였다. 하지만 여자들은 안다. 월경, 호르몬, 임신과 출산 등으로 여성의 몸은 며칠 사이에도 복잡미묘하게 변한다. 몇 달 몇 년에 걸친 임상실험 대상자로 여성은 적합지 않다. 그렇게 신약이 개발되고 처방전이 나오지만, 엄밀히는 남성 표준치의 결과에 따른 것이라 할 수 있다. 깊숙하게 숨겨지고 제도화된 불공평이 어디 이뿐이겠는가마는.

성평등사회를 만드는 것이야말로 인구 절벽 문제를 해결할 방안이라는 데 전 세계의 이견이 없다. 전년도 UN에서 제출한, 세계 여성의 선택권과 자유를 수치화한 보고서에는 단 6개국만이 상위 점수를 받았다. 한국은 집계할 만한 자료가 부족해 분석 대상에서도 제외되었다. 의회에서, 기업 관리직에서 여성의 비율은 상위국 대비 반토막에 지나지 않았고, 아시아 내에서도 최하위권이다. 그보다 앞서 세계경제포럼에서 발표한 '세계 젠더 격차 보고서'에도 한국은 성평등 하위국으로 기록되었다.

여성에 대한 불공정이 제도화되기 전에 여성 스스로가 무력감에 빠지는 일이 생겨서는 결코 안 될 것이다. 그러나 번번이 어찌할 도리 없는 통증 앞에 진통제를 털어 넣거나 기도문을 외우는 일밖에 없게 된다면, 공동체 절반의 동지를 맥없는 나락 속에 버려두는 꼴이 될지도 모른다. 딸 가진 아버지, 아내 있는 남편, 엄마 몸에서 나온 아들들이 함께 분발해 개선해 갈 수 있기를. 내 딸이 낳을 여성에게는 이 고행이 이어지지 않기를, 하늘에 계신 분 아니라 지금 함께 살아가는 동지들에게 빌어본다.

여탕보고서 Ⅱ

비무장한 안식의 물가를 그린 전편을 기억한다면 오늘의 보고서는 주말의 여탕에 대해서다. 이날엔 아직 서열화되지 못한 하룻강아지들의 난립으로 평화롭다 못해 조금 쓸쓸하기까지 한 물가에 전혀 다른 파문이 인다.

그날도 주말이었고, 모처럼 막내를 데리고, 막내가 챙긴 인형들까지 달고 물가에 당도했다. 가슴 몽우리가 차오르기 시작하는 소녀들을 빼더라도 유치 덜 빠진 꼬맹

이가 대충 예닐곱은 된다. 시간이 갈수록 자꾸 많아진다. 엄마가 애들 단도리하는 소리, 애들끼리 조잘대는 소리, 눈치껏 물안경 꺼내 참방거리는 소리로 어수선하다. '물가'와 '아이'를 한데 놓고 읽으면 불안할 수밖에 없는데, 아이들이 좋아하는 34도짜리 선선한 탕은 깊이가 1미터나 되어서 우리 둘째도 까치발로 겨우 머리 내놓는 신세에서 벗어난 지 얼마 되지 않았다. 잠시도 눈 뗄 여유가 없다.

곧 세 자매가 탕에 들어왔다. 나중에 물으니 열두 살, 아홉 살, 다섯 살로 처진 눈매들이 판박이다. 막내 키가 작아서 언니 둘이 번갈아 동생을 업고 논다. 부력이 있으니 많이 무겁지는 않겠지만 업힌 막내가 이래라저래라 살찬히 부려 먹는다. 재미난 모습에 일곱 살 내 딸이 어울리고 싶은 눈치라 사정거리 안으로 밀어 넣으니 그다음은 자기들끼리 척척. 나이를 묻고 놀이를 정하고, 보기만도 흐뭇해서 또 눈을 못 떼겠다.

잠시 나가 초콜릿 음료 네 개를 사 온다. 애들을 물 밖으로 나오게 해 한 켠에 나란히 앉혔다. 어린 순서대로 덥석 캔을 쥔다. 맏언니까지 마시기 시작하는 걸 보고 나는 한증막으로 향했다. '여자 넷이 모이면 무서울 게 없다. 남자 넷이 모이면 무서운 일이 생기지만.' 새 작품 구상으로 중얼거리다 나와보니 애들 있던 곳에 아무도 없다. 가까운 쓰레기통에 빈 캔만 얌전하다. 원래 놀던 탕에는 사람이 더 늘었는데, 도레미파 덩치 조롱조롱한 네 명의 무리가 없어 한참을 두리번거렸다. 자세히 보니 구석 자리에 세 자매 중 막내와 내 딸만 난간에 걸터앉아 물속에 들어가지는 못하고 다리만 참방대고 있다. 한참 더 지켜봐도 큰언니, 둘째 언니는 돌아오지 않았다.

막내 돌봐 줄 이가 생겼다 싶자 언니들이 얼른 자리를 뜬 게 아닌가 한다.

누나 넷 있는 집에 막내로 태어난 남편 얘기를 들어봐도 그렇다. 나이 든 어머님 대신 큰누나가 막내를 업고 다니다 시집을 가면 애 보기는 둘째 누나 차지가 된다.

둘째가 외지로 취업을 나가면 셋째 누나가 남동생 밥을 차린다. 어린 막내 누나는 같이 크다시피 해도 목돈 들어갈 일이 생기면 남동생 용무가 먼저다. 예전처럼 아들딸 차별이야 덜해졌겠으나 여전히 장녀는 살림 밑천이요, 기대치고 본보기다. 맏이로 자란 내가 모성의 반쯤을 숙명처럼 자처한 걸 떠올려, 일곱 살 터울 진 우리 큰딸에게는 양보를 따로 가르치지 않았다. 그러나 그런 건 배운다고 알고 감춘다고 모를 일이 아니다.

맏이는 어린 동생이 떼를 쓰겠다 싶으면 얼른 손을 잡고 엄마보다 몇 걸음 앞서가 버린다. 애부터 먹이고 이제 막 밥숟갈을 뜨기 시작한 엄마를 대신해 식당 화장실에 동생을 데려가기도 한다. 가끔은 애 아빠보다도 미덥게 여기는 나를 보면서 큰애에게 미안하고 고맙고 면목이 없다. 여성의 노동력이 또 다른 여성, 대개는 더 하위 여성의 것으로 메워지는 것이다.

급할 때 달려오는 친정 엄마, 살림 도와주는 이모님, 가족 대신한 요양보호사, 모두 같은 식의 돌려막기다. 신용카드 결제일이 다가와 다른 카드 대출로 연체를 막는 식이다. 도산하기 딱 좋은 악순환이지만 친정 엄마나 장녀는 부도를 내지 않는다. 스스로를 조금씩 갈고 깎아서 그 자리에 꼭 맞게 몸을 끼운다. 어쩌다 억울함을 토로하는 날도 있는데 내 경우는 사십 년 중에 하루였다. 다음 사십 년이 오기까지, 아마도 일전에 성냈던 게 미안해 나는 내 등을 더 납작 엎디어 가족 일의 기우뚱한 부분마다 굄돌이 되려 할 것이다.

한참 만에 세 자매 중 맏이가 놀던 곳으로 돌아왔다. 뻔한 공간 안에 숨어 쉴 곳이란 게 있을 리가. 세 자매를 데려온 할머니는 자신의 때를 불리는 데만도 지친 기색이었다. 나는 아이들을 앉혀 가져간 장난감을 갖고 놀게 했다. 그리고 애들 할머니를 찾아가 등을 밀어드렸다. 노인의 팔이 허공에서 성호경을 그었다. 그럴 만한 일이 못되어서 손목에 자꾸만 힘이 들어갔다.

아이들 뒷모습 보이는 곳에 자리를 잡아 뜨끈한 물속

으로 몸을 밀어 넣는다. 목까지 차오르는 빈틈없는 수압이 느껴진다. 올가미 같기도 하고 포옹 같기도 하다. 이 단호한 압력에 길들여진 태아는 자궁 밖에서 허전한 중력을 견디질 못해 하므로 속싸개로 똥똥 싸매두라고 한다. 답답한 포옹일지언정 그것에서 안정감을 느낀다면 조금 죄이는 편이 나으니까.

딸로 아내로 어머니로 살아가는 여자들의 물가. 기어코 깊숙이 물에 잠겨 수압이 옥죄는 걸 만끽하는. 그리고 수행하듯 때를 벗겨내고 벌받듯 온몸이 벌게져서 돌아가는, 우리들의 여탕. 그 두 번째 보고서.

사람 도깨비

1

택시 타기 애매해서 그냥 걷기로 했다. 차 잡기 힘든 시간인 데다 종종 가족끼리 산책하던 길이기도 해서 버스 다니는 도로 쪽 말고 건물 뒤편으로 빠져나왔다.

짙게 가라앉은 밤거리. 집에서라면 아직 잠자리에 들지도 않은 때지만, 일몰 후 바깥나들이가 거의 없는 애엄마는 낯설기만 하다. 이런 시간 혼자 밖에 있어본 게 일 년 전쯤이나 되었을까? 그 일 년 전에도 아마 일 년 만에 그래 본 것이리라. 멀리 사는 친구가 집 근처로 출장을 왔다 해서 일 끝나기 기다렸다 잠깐 만났다. 맥주 두 잔 마시고 밀린 수다 반도 떨지 못한 채 한밤중이 되고 만 것.

친구는 낯선 타지 숙소로 쏙 들어갔는데, 여기서만 9년째 살고 있는 나는 어설프게 더듬거린다. 조금 더 가면 단골 떡방앗간도 있고, 짜장면집, 막국숫집 다 나오는데 거기까지 가는 골목 사거리 서너 개가 어둑해 겁난다.

주머니 속 핸드폰을 만지작거리다 남편에게 전화를 건다. 잠깐 시시덕거리면 좋겠다 싶은데, 이 양반 전화를 안 받는다. 와이프 어쩌다 저녁 약속 있을 때 맘 편히 놀라고 통화 간섭도 안 하고 일찍 잠드는 외조 중인 게다. 조금 빨리 걷기도 한다. 아마도 뛰다시피였을 것이다.

앞서가던 사람이 보인다. 아니 앞사람이 뒤돌아 나를 본다. 후드 뒤집이쓴 내가 여성인지 남성인지 그쪽에서는 모르겠지만, 돌아본 그가 여성인 걸 나는 안다. 그녀도 무서운 것이다. 지나쳐 먼저 가버릴까 싶어 속도를 늦추지 않자 그녀는 또 돌아본다. 얼른 모자를 벗는다. 긴 머리칼이 쏟아져 나왔지만 놀란 가슴 그리 쉬이 가라앉을까. 나는 숨죽여 느리게 걸었다. 내 발자국 소리가 누군가의 두려움이 되지 않도록. 내 숨소리가 그녀 뒷덜미를 조롱하지 못하도록.

"별일 아닐 거 알아. 출근길 지하철 안에서 뭐 특별히 나쁜 사람도 아니겠지 아마. 근데, 여자는 그래. 뒷사람 가만히 서 있어도 그 남자 숨결이 내 목덜미에 닿으면 무서워. 당신 숨도 어느 모르는 여자한테 소름이었을 거야. 의도하지도, 알지도 못했겠지만 말이야."

남편은 적잖이 놀랐다. 동기들보다 머리 한두 개는 더 큰 키가, 단단한 가슴팍이 어떤 이에게는, 그러니까 자신의 아내와 딸들 같은 지구 절반의 인류에게는 위협이 될 수도 있겠다는 자각을 그는 처음 했다. 그럴 수 있겠다…. 남편은 같은 말을 반복했다. 아무도 그런 말 해주지 않았고, 사실 안다고 해도 뭘 어째야 할지 몰랐을 것이다. 그래도 그는 딸들을 생각하며 조금 더 조심스러워졌다. 어떻게 조심해야 하는지 모르더라도 적어도 어딘가에 가리워진 무참함 같은 게 있다는 걸 알게 됐으니까.

다음 날 나는, 만날 오가는 그 길에서 무섬증 때문에 당신에게 전화를 걸었다는 말은 하지 않았다. 괜히 딸들에게 통금시간 같은 불똥이 튈까 봐. 그러면서 모 일보에 실린 단신 한 자락을 들려주었다.

"한 남자 선생님이 정수기에서 물을 받고 있었대. 거기가 되게 좁은 복도였나 봐. 어느 여자 선생님이 그 뒤로 지나가려다가 몸이 조금 닿았다는 거야. 그랬더니 그 남자가 여자 동료를 성희롱으로 고발을 했다네?"

어두운 골목길 저만치 편의점 불빛은 반갑지만 거기서 걸어 나온 사람이 무서운 세상이 되어서야 되려는지. 카페 테이블에 놓고 나온 지갑은 그대로 있는 나라에서, 길 묻는 노인에게는 손목 잡히지 말고 다른 어른께 도움받으시라 하고 얼른 자리 피하라고 아이에게 가르친다. 매

뉴얼대로가 아니라면 담임 선생님이 애들 한번 쓰다듬어 주는 것도 불편한 세상. 재채기하면 침 닿는 거리가 무서운 병까지 도는 바람에 손 닿고 숨 닿는 지근의 온기가 후텁지근 찝찝해졌다.

도깨비만 무서워도 되던 시절은 이제 영영 아니 올 모양이다.

방화범

귀한 티켓이 생겨 큰애와 함께 부산시민회관으로 향했다. 오스트리아 수교 130주년을 기념하는 빈 심포니 내한 공연.

전날 받은 포스터 내용과는 달리 이날의 지휘자는 장한나였다. 입술을 앙다물고 자기 몸보다 큰 악기를 끌어안던 천재 첼리스트. 그녀는 2007년, 현미경이 아닌 망원경으로 음악을 들여다보고 싶다며 지휘를 시작했다고 한다.

여전히 첼로보다 작은 몸, 깡마른 여자 한 명이 거대 군단의 선두에 선다. 검처럼 날카로운 지휘봉이 허공을 벤다. 전군 진격하라. 그녀는 노련한 전사들을 이끌어 미쳐 날뛰게도 하고 엉금엉금 기게 만들기도 한다. 숨죽여 흐느끼게도, 아이처럼 경중거리게도 한다. 그녀는 모든 악기를 건반 누르듯 하나하나 건드려 소리 나게 하고 한 올 한 올 꼼꼼하게 적재적소에 끄집어 올린다. 청각장애자라 하더라도 그녀의 몸짓을 보면 어디에서 어떤 소리가 피어나는지 알 수 있을 것만 같다.

그녀는 마치 극성맞은 엄마처럼, 연주자를 대신하기라도 하듯 모든 악기를 일일이 건드려 최고의 소리를 자아내더니 정작 절정의 순간에 모든 것을 멈추었다. 집 안 구석구석에 집요하게 불을 붙인 뒤 화르르 폭발적 불길이 솟구치는 순간 우뚝 멈춰 그것을 감상하는 방화범 같다고, 나는 생각했다. 모든 것을 세심히 일궈 최고조에 올려놓고선 가장 북받칠 그 순간에, 누구보다 담대하게,

툭. 다 내려놓고 불길이 스스로 타는 것을 지켜본다. 좀 전까지 바지런하던 그의 극성은 상상조차 할 수 없다.

저 절정을 어떻게 참는 거지? 어떻게 휩싸이지 않을 수 있지?

무수한 이미지 중 내가 방화범을 떠올린 것은 아마도 이런 초연함, 차원이 다른 대범함이 너무나 선득하리만큼 경이로웠기 때문일 것이다.

악착같음. 그것은 평생에 걸친 나의 사명이었다. 그로 인해 사회적 성과를 누린 것은 일면 사실이다. 가끔 문제가 생기거나 종종 피로하기는 하여도 이 사명 자체에 오류가 있다고는 조금도 의심하지 않았다. 열심 자체에는 명분이 탄탄해 돌다리를 두드리는 숙고 따위는 거추장스러울 따름이었다. 사명은 이미 정해져 있고 그것에 도달하는 효율적 방법만이 고민이었고, 그 기막힌 효율을 위해 당연하게도 어떤 걸 대가로 치를 것인지를 고르는 게 유일한 선택이었다.

그렇게 사랑하는 사람을 기다리게 하고, 친구를 지치게 하고, 가족을 체념하게 만든 것은 아닐까. 나는 지휘자가 모든 걸 내려놓는 순간에 이렇게 생각했다. 툭. 담대한 관조가 모든 것을 압도하는 그 숨 막히는 순간에.

때로는 악착같은 치열함보다 내려놓는 패기가 더 위대하다, 라며 이유를 들먹이려다 관두기로 한다. 이 또한 우열 지어 나누던 예전 태도의 연장일 뿐. 옳은 것, 더 나은 것을 정해놓고 돌진하던 오랜 습관에 다름 아닐 것이다.

어느 쪽으로든 움직이고 있고 흔들리고 있는 것을 나는 다행스럽게 여기기로 했다. 이 또한 여러 견해 중 하나일 뿐이라며 말을 아끼는 것도 잊지 않는다. 수많은 견해 중 어떤 것은 태도가 되어 몸과 마음에 달라붙는다. 사소하지만 떨쳐낼 수 없는 습관처럼 태도는 삶을 휘두르고 가치관을 고착시킨다. 그 상태를 연화시킬 아주 작은 단초가 기적적으로 나타난 것은 다행이다. 연주회 초대장을 받게 되고, 절정의 순간에 애걸 않는 지휘자를 만나고, 때마침 감상이 건너와 자리할 수 있게끔 그즈음 움푹 마음이 패여 있던 것까지, 이 많은 일들이 차례로 일어나기가 어디 흔한 일인가.

경계의 아슬함을 느끼기 좋은 계절인 점도 한몫했으리라. 판타지 같은 밤의 일인 것도 유효하였다. 이만하면 괜찮다. 아니 잘 가고 있다. 적어도 멈추지 않고 있다. 흔들리며 넘어지며 꺾이지 않고 자라고 있다. 그래, 그러고 있다.

1RM

투명 의자에 앉는 느낌으로 엉덩이 쭉 빼고 앉았다 일어서는 동작을 스쾃이라고 한다. 여기다 20킬로그램짜리 쇠막대를 짊어지고 하면 바벨 스쾃이 되고, 양쪽 끝에 원판 추를 더 매달면 운동 강도가 세진다. 가령 40킬로짜리 원판을 하나씩 끼우면 막대 무게까지 도합 100킬로를 버틴 것이다. 같은 중량으로 벤치프레스, 데드리프트 동작까지 한다면 세 가지 운동으로 300킬로그램까지 들어 올렸다는 기록이 된다. 요즘 운동하는 사람들이 3대 삼백이니 3대 오백이니 하는 얘기는 바로 이런 뜻이다.

이 무게를 들고 대체 얼마나 버텨야 하는가 하면, 딱 한 번의 정확한 동작이면 된다. 그러니까 최대치(Repetition Maximum)로 겨우 한 번 할 수 있을 정도의 무게(1RM)를 들어 올리는 것이다. 말만 들어도 위태롭다. 오랜 기간 단련하며 서서히 무게를 올려가겠지만, 어느 순간 한 번도 들어본 적 없는 새 무게와 마주해야 할 테다. 감당할 수 있을지 없을지도 모르는 단 한 번의 도전 앞에 힘과 요령을 쥐어짜 내야 하는 것이다.

이처럼 1RM으로 측정하는 건 전문 트레이너의 보조나 숙달된 훈련 없이는 위험하므로 대개는 여러 번 안정적으로 한 것으로 한 번의 최내치를 가늠한다. 기령 80킬로를 들고 다섯 번 들었으면(5RM) 90킬로그램 한 번 든 셈 쳐주는 식으로, 공인된 환산법이 있다. 그러나 인생에는 그런 계산기가 있지도 않을뿐더러, 어느 누구도 다음 회차를 위해 힘을 남겨두는 식으로 현재를 살지 않는다.

언제나 최대치로 한 번, 1RM이다.

큰시누이의 장녀는 대학 재학 중에 결혼을 했다. 어린 신부가 자기보다 어린 신랑과 함께 일찍이 아들딸 낳고 살았다. 시어머니 국수가게 도우면서, 시아버지 병시중 하면서 힘껏 살았다. 조카보다 겨우 다섯 살 많은 외숙모인 나도 열심히 사느라 우리는 교제가 잦진 않았다. 그런 조카에게서 청첩장이 왔다. 가족들만 모신다는 재혼식이었다.

그간의 내막은 모른다. 순백의 신부에게 그런 것은 물을 필요도 없었다. 훤칠한 새신랑이 주례사 대신 깜짝 편지를 써와 들려주었고, 마주 선 조카는 눈물이 멈추질 않아 시커먼 마스카라 얼룩이 번져가고 있었다. 나는 가만히 손수건을 건넸을 뿐이다. 그리고 힘차게 축하해 주었다. 다시는 하지 못할 일인 양 최대치로 그렇게 했다.

박수와 부조 외에 한 것이 있다면 조금은 불편하고 근사한 정장 차림을 해간 것이다. 신부 측 가족의 위용을 갖추느라 남편은 오랜만에 타이도 맸다. 내가 입은 원피

스는 몸매가 드러나는 머메이드라인에, 무릎께 튤립 모양 치맛단이 살랑이는 디자인이었는데 정확하게 종아리 근육이 드러나 보여 조금 난감했다. 하이힐까지 신었더니 압박 스타킹을 신어도 알다리가 도드라져 원하는 실루엣이 되질 않았다. 바꿔 입을까도 생각했으나 이내 관두었다. 힘차게 산 나의 흔적이 어때서. 운동이든 삶이든 버틸 수 있는 만큼 도전하고 한계치를 확장해 간 나의 결실인 것을. 단 한 번인 양, 다시는 오지 않을 기회인 양 어깨에 짊어진 것을 바르게 들어 올리려 애써왔다. 그녀도 그랬을 것이다. 누구라도 그러하듯이.

물론 눈앞의 쇳덩이가 두려워 엄두내지 못할 때도 있다. 때로는 억지로 들었다가 그 무게에 짓눌려 쓰러지기도 한다. 그러나 그 짓이겨진 자리에조차 굳은살이 박이고, 속으로는 근섬유가 갈라져 근육이 부푼다. 벌크 업의 원리다. 그렇게 사람의 몸과 마음이 단단해져 간다. 어질고 야문 남매를 낳았으니 행운이라 할 수 있는 첫 결혼을 딛고 조카는 더 묵직해진 다음 무게에 도전한다. 사는 것은 언제나 새날에 새 기록을 새기는 일이므로, 마지막인 듯 최대치로. 할 수 있는 한 열심히.

뭍을 끌어안고자 한없이 팔을 뻗는 파도에서 어느 시인은 굵은 힘줄을 보았다. 떡 벌어진 어깨 저만치서부터 실어 보낸 힘이 육중하게 밀려온다. 안간힘을 쏟은 기합 소리가 포말로 부서져 백사장을 뒤덮는데, 바다는 지치지도 않고 다시 팔을 당겨 다음 내뻗기를 준비한다. 그 동작에 망설임 같은 것은 전혀 느껴지지 않는다. 모든 운동은 결국 중력과의 싸움인즉, 이는 지구와의 밀고 당기기요, 우주와의 드잡이다. 바다도, 사람도 운명 같은 우주의 힘과 겨루느라 최선을 아니 할 수가 없고, 자조 같은 걸로 시간 낭비할 겨를이 없다. 모든 치열함에 경의를 표한다.

바벨을 내려 들고 무릎 아래로 굽혔다 일어서는 동작은 데드리프트다. 어제 새 기록을 세우면서 왜 그런 이름이 붙었을까 숨을 헐떡이며 헤아려봤다. 원래는 죽은 듯(dead) 무겁게 늘어진 것을 들어 올린다(lift)는 뜻이라지만, 죽음 그 자체가 땅에 닿지 않도록 끌어올리는 일이라 해도 틀린 말은 아니겠다. 마지막 순간 모든 걸 내려놓아야 할 때가 오기 전까지 지구 중력의 반대 방향으로, 우주가 이끄는 산화의 역순으로 죽음을 끌어당긴다. 삶이 그만큼 더 딸려 오리라.

악력이 부족한 나는 바벨을 놓칠까 손목에 스트랩을 감아 쇠막대에 고정시킨다. 두 발을 땅에 심어 단단히 지탱하고, 어느 한 곳 굽거나 어정쩡하지 않게 자세를 정렬한 다음 숨을 들이마셔 몸을 채운다. 자, 이제 힘껏 들어올릴 차례다.

작은 꽃

편식이 심했던 울 엄마. 김치 먹을래, 회초리 맞을래 해서 밥상에서 매를 맞았다는 울 엄마. 기가 찬 외할아버지보다 애끓는 증조모의 연민으로 실랑이는 그 하루로 끝이 났겠지마는.

고만고만한 시골밥상에 멸치랑 김은 으레 큰누나 반찬으로 아는 동생들보다 두세 뼘은 덜 자란 엄마는 기성복을 수선 없이 입어본 적이 없다. 발이 작아 구두도 늘 맞춰 신어야 했는데, 모르긴 몰라도 이 정도는 평균 신장에 미치지 않아 불편한 점 축에도 들지 못할 것이다.

물론 그 덩치로도 엄마는 딴딴하게 살았다. 자식 낳고 밥벌이하고 맏며느리 노릇 끄떡없었다. 손이 안 닿고 힘이 모자라고 걸음이 짧은 건 부지런을 덧대 보탰다. 닥친 일 쳐내는 건 물론이고 없는 일도 만들어서 공부하고 논문 쓰고, 자식뻘 동기들이랑 종강 파티한다며 노래방도 몇 번 다녀왔다. 퇴직 후에는 또 다른 소명이 기다리고 있었고, 그 일마저 끝났을 땐 시험 날 지각하는 악몽을 꾸며 지냈다. 악몽보다 무서운 건 시간이 넘쳐나는 일이었을 것이다. 우울함은 세월에 희석되었을 것이나 엄마는 지금도 늦잠을 잘 줄 몰라 동네 도서관 우수회원이 되었다.

그런 엄마에게 요즘처럼 그 키가 맞춤한 적 있을까 싶은 업무가 있다.

진작에 할머니 키를 넘긴 큰손녀는 주말에도 공부다, 친구들과 어울린다 하여 한갓질 시간이 없다. 그런 녀석

건사하는 큰딸은 말할 것도 없고, 둘째 딸이나 남편과는 취향이 달라서 이 일엔 적당치 않다. 아파트 화단 돌며 철마다 꽃구경, 풀 구경, 열매 구경하는 즐거움 나눌 이는 일곱 살 막내 손녀뿐. 둘은 누가 먼저랄 것 없이, 누가 덜할 것도 없이 주변 생태계를 관찰하고 갸륵해하고 응원하는 일에 주말마다 열심이다.

우리 아파트는 조경이 근사한 편인데, 듣기로 통상의 용적보다 너르게 조경 공간을 안배해 대한민국 최대의 놀이공원을 조성한 팀에서 일을 맡았다 한다. 완공 몇 년째인 지금도 정성스러운 관리와 다채로운 식재로 온갖 새들과 감탄을 불러들인다. 그 아름다움을 찬찬히 음미하는 이 커플 또한 장관의 일부가 되었다.

같은 개월 수 여아보다 훨씬 큰 막내와 동년배 평균보다 작은 엄마 키가 저토록 잘 어우러진다. 손을 잡아도 적당하고 앉은뱅이 야생화 마주하기에도 좋다. 몇 해 전 다리를 다쳤던 엄마의 걸음이 느려진 탓에 다른 어른과는 뛰다시피 걸어야 하는 우리 막내 속도에도 잘 맞다.

꽃사과와 모과를 우러르는 키 작은 둘의 경이가 같고, 쪼그려 앉아 봉숭아 씨방의 태동을 느끼는 작은 손이 같다. 눈길 두는 곳 빼먹을까 바위 뒤까지 살피는 너른 마음이 같고, 일에 쫓겨 급할 것 없는 깊은 교감이 같다.

때로는 그 사이에 끼어 조화로운 트라이앵글을 만들어 볼까 싶어도 나는 입안에 잔소리가 근질거려 일을 그르칠 게 뻔하다. 엄마, 운동 더 하셔야 해요. 엄마, 오늘은 몇 보나 걸으셨대요. 엄마, 코어에 힘줘서 양쪽 밸런스를 맞춰봐요. 울 엄마는 나 클 동안 공부하란 소리 한 번 하신 적이 없는데, 대체 나는 어디서 이걸 배워와서 절뚝이는 엄마에게 타박을 해대는 건지.

여름 꽃들이 져버린 정원에 털머위꽃이 지천이다. 오뚝 솟은 줄기 끝에 샛노란 양산 같은 꽃 여러 송이가 빙그르르 펼쳐져 있다. 넓적한 이파리가 마치 식용 머윗잎과 닮아서 채취해 먹고는 탈 나는 경우가 있다고 숲 해설사에게 들었다. 꽃을 꽃으로만 감상해야지 먹고 사는 일에 억척스레 들여 화를 부른 꼴이다. 작고 어여쁜 꽃, 엄마의 오뚝함에 그저 감탄만 해주는 딸이 될 수는 없는 걸까. 사랑한다는 말을 눈물 없이도 할 수 있는 법을, 왜 나는 아직 아이들로부터 배우지 못한 걸까.

육십갑자를 한 바퀴 돌아 이제 열한 살이 돼 가는 울 엄마가, 부디 오래오래 손녀들의 친구가 되어 주길 바란다. 아니, 내 딸들이 이 작고 여린 여자의 좋은 친구로 남아 주길 바란다. 아이가 천천히 자라고, 엄마가 천천히 늙어서 내가 배우고 익힐 시간도 벌게 되길 바란다. 엄마를 내 안에 담지 않고 내 옆에 나란히 두고 걷는 요령을.

할매와 막내는 오늘도 중한 용무로 산책 나선다. 인공으로 만든 작은 못에서도 송사리들은 뜻 없이 바쁘고, 먹지도 못하는 남천나무 빨간 열매가 가지 부러지도록 푸지게 열린 것을 본다. 그 자체로 기쁨 주는 것들을 경탄하고 치하한다. 세상에 무위한 것은 없노라 서로 배우고 가르친다.

벙어리장갑 같은 이파리 덕분인가. 손 시린 바람에도 털머위꽃 오래도록 싱그럽다.

3년 적금

새 작품을 위해 자료 조사에 나선 만화가가 어느 바리스타에게 물었다. 커피 만화를 그리려는데 공부를 얼마나 하면 될까요?

"글쎄요. 한 삼 년 정도면 되겠지요."

아니, 그렇게나 오래요?

"아무것도 안 해도 3년은 지나가는걸요"

뭐든 일단 시작만 하면, 그래서 흘러가는 세월에 띄워 놓기만 하면 어느샌가 3년 차도 될 수 있고, 뭔가 해볼 만해지겠지 하여 나는 펜싱을 시작했다.

대부분이 그러하듯 칼로 누군가를 찔러본 경험은 없고, 사실 이렇다 할 싸움은커녕 말다툼 한번 제대로 해본 적 없다. 애정 어린 잔소리랍시고 큰애한테 언성이나 높이는 게 전부고, 그마저도 그래 놓고 나면 심장이 벌렁대서 이내 놀란 내 마음부터 추슬러야 한다. 운동신경이 좋은 것도 아니고 체력마저 빈약하여 주말 이틀간 근력운동을 쉬면 다음 날 벌써 이두근에 맥이 풀려있다. 어려서부터 심장이 약하고 B형 간염 항체가 생기질 않아 체육 시간이면 벤치 신세를 지던 내가, 이십 대 어느 날 불쑥 항체가 생겨난 후 운동을 습관화하려는 것은 일종의 콤플렉스를 극복하기 위함이었다.

누군가를 물리적으로 공격하고 제압하는 운동은 생각해 본 적도 없다. 마흔 중반 애 엄마가 킥복싱이나 무에 타이 같은 걸 하다가 다리뼈라도 부러지면 우리 둘째 기저귀는 누가 갈아준단 말인가. 피 터지고 멍드는 스포츠는 TV로 힐끔 보는 것만도 질색이다.

그렇게 조신한 삶, 안전한 삶에 인이 배일수록 통쾌하게 휘몰아치는 액션 한 방이 아쉽긴 했다. 한계치까지 밀어붙이는 자신과의 싸움도 의미 있지만, 룰과 예의를 갖춰 힘과 기술을 다투는 대련 속에는 분명 순수하다 못해 순진한 열정이 가득할 것이었다. 그 속에서 자존감과 겸허함을 높이는 일은 빠르고 단순하여 쉬울 것 같았다.

우연히 아파트 엘리베이터에서 펜싱 칼을 보자마자 나는 오래전에 잃어버렸지만 평소 쓸 일이 없어 불편하지는 않아도 때때로 마음 찜찜하던 귀중품을 찾아낸 기분이었다. 그 길로 이웃 주민이 개원했다는 펜싱 클럽에 등록을 했다. 일주일에 두 번, 기본 동작을 모두 배운 나는 앞으로 2년 9개월 후 플뢰레 3년 차가 될 것이다.

수업은 낯설고 재밌다. 그리고 초인이라도 된 듯 흥분된다. 1미터의 날렵한 칼을 앞으로 쭉 뻗으면 내 몸이 그만큼 확장된 것처럼 느껴진다. 어깨너비로 벌려 무릎을 약간 굽힌 하체에는 안정적이고 단단한 힘이 실린다. 상대의 가슴팍을 찌를 땐 한쪽 다리를 앞으로 훌쩍 내딛는 데다 칼을 쥐지 않은 손까지 펼치기 때문에 내 물리력의 반경은 훨씬 넓어진다.

활짝 열어 휘두르는 몸. 이제껏 살아온 방식이 아니다. 출근길 지하철 안이 아니어도, 시댁 식구나 애들 선생님 앞이 아니어도 가지런한 몸가짐과는 정반대인 것이다. 우리는 언젠가부터 젖가슴 출렁대며 뛰는 것을 주저해 왔다. 하이힐이나 뒤축 없는 신으로는 힘차게 걷기만도 어렵다. 그러던 내가 매끈한 피스트 위에서 두 발을 군더더기 없이 감싸는 펜싱화를 신고 온몸을 활짝 펼쳐 달린다. 팽팽히 잡아당겼다가 화살처럼 튕겨 나가기도 하고 앞뒤로 재빠르게 이동하며 찌르고 막는다. 챙챙! 칼 닿는 소리가 청량하다. 코치님 연습용 조끼 안에 든 플라스틱 보호대에 칼끝이 부딪치는 살벌한 타격 소리에도 제법 익숙해졌다. 품위없이 헐떡이며 찬물을 들이키는 일도 그렇다. 가랑이를 벌리고 서서 누군가를 공격하는 데 집중이 된 내 모습을 전신거울에서 마주쳐도 이제 흠칫 놀라지 않는다.

직장생활 첫 3년이면 대개 승진이란 걸 하게 된다. 회사에서나 밖에서나 그저 아무개 씨로 불리던 신입사원에게 직함이 붙는 것이다. 그때부터 그의 이름이 달라진다. 모 대리, 모 계장, 모 주임. 가톨릭에서 교리 공부 끝에 세례를 받고 새 이름으로 불리며 새 삶을 살아가는 일과도 닮았다. 이제는 새 이름에 걸맞은 삶을 살게 될 것이다. 3년 만에 이뤄낸 쾌거다. 3년 전의 패기와 결심에 그간의 성실이 붙고 꼬박꼬박 행운의 이자까지 붙어 비로소 만기를 맞이한 셈이다.

이제껏 전혀 해보지 않았던 일, 평생 나와는 상관없을 거라 여겼던 일, 공부, 습관에 도전한다는 것은 내 삶의 영역을 확장시키는 일이리라. 아파트 평수를 넓히고 자동차 배기량을 키우고 소모품의 기능을 업그레이드시키는 것과는 비교할 수 없다. 사뭇 위대해 보이고 용맹

해 보이는 이 일도 난데없고 서투르던 첫날로부터 시작된다. 슬그머니 석 달을 이어가면 백일잔치를 열어줄 만하고, 하다 보니 일 년을 채우거든 돌잔치로 자축할 만하다. 그러다가 3년이 되면, 어차피 가만히 있어도 흘러가는 그 3년 뒤에는 제 것인 양 익숙해진 노련함이 남고, 그로 인해 확장된 세계를 떳떳이 누리게 될 것이다.

만기일이란 반드시 돌아오기 마련 아니던가.

space out no. 7, 29.7x21cm, 먹 드로잉, 디지털 혼합매체, 2020.

#세탁기가 하는 일을 건너다본다.

저 동그란 통 안에서 소란스럽게 펼쳐지는 세상을 본다.

흠뻑 젖고 엉키고 치대어진다.

그러나 결국 가지런히 펼쳐지고 보송보송 가벼워질 것이다.

반드시 그러할 것이다.

장어덮밥

"그럴 때 나는 나에게 장어덮밥을 사줘요."

맞은편 그녀가 말했다. 나는 울고 있었고 징징거렸다. 아이들 챙기고 남편까지 돌보는데 나는 대체 누가 봐주냐고, 그날따라 괜히 서글펐다. 뜨신 쌀밥 위에 올려진 달큰한 장어 가운데 토막을 생각하자 문득 허기가 졌다.

갓난쟁이를 어르며 먹던 칼국수 생각도 났다. 젊은 엄마 여럿이서 애까지 데려와서는 위험천만 뜨거운 국물을 후루룩거리는 모습이 어떻게 보일까 지레 눈치를 보았다. 그깟 칼국수. 그때는 그게 호사였다. 때 지나 홀로 들이키는 마르고 불어 터진 끼니들이 서러워 우리는 서로에게 칼국수를 먹이고 먹었다. 그러고선 저녁 장을 봐 집에 돌아가면 며칠간은 속이 뜨듯했다.

낸시 콜리어의《나는 왜 나보다 남을 더 신경 쓸까?》는 심리치료사인 작가가 수많은 상담 사례를 바탕으로 여성의 억눌린 욕구와 자기돌봄에 대해 이야기하는 책이다. 앉으면 눕고 싶다고, 가진 것에 만족 못 하는 칭얼거림으로 욕구라는 말을 이해하는 사람도 있을 것이다. 나 역시 아이 낳기 전에는 욕구와 노력은 한 쌍의 단어일 따름이어서 욕구가 충족되지 못할 땐 더 노력해서 얻어내면 될 일이었다. 그 노력이 종종 능동적 단념으로 끝나더라도 적어도 나는 스스로를 통제할 줄 아는, 까다롭지 않은 사람으로 남았으므로 위축될 것 없었다.

착한 딸. 아마 모든 것은 여기서부터 시작되었으리라.

"우리 딸은 너무 착해요. 뭘 해달라는 게 없어요. 다 혼자

알아서 하죠. 정말 손이 안 가는 착한 효녀라니까요?" (본문 78p)

동생에게 하나 남은 쿠키를 양보하는 장녀들이 이토록 세계 곳곳에 있을 줄이야. 그녀들은 배려를 칭찬받으며 무의식적으로 자기 딸도 그렇게 기른다. 물론 이타심 그 자체가 미덕이 아닐 리는 없다. 다만 그 배려심이 유독 한 사람에게만 야박하여 스스로를 소외시킨다면 온전한 미덕이라 할 수 없는 것 또한 당연한 이치가 되어야 할 것이다.

저자는 우리가 바로 이 점을 깨닫길 바란다. 자신에게 고급 스파와 실크 블라우스, 힐링 여행을 선물해야 한다는 뜻이 아니다. 이런 상품들은 오히려 자기돌봄의 의미를 폄하하고 왜곡시킨다. 게다가 그녀의 수많은 '해야 할 목록'에 하나 더 보태는 꼴을 만들고 만다. 진정한 자기돌봄의 첫 단계는 우리는 근본적으로 사랑받을 자격이 있으며 우리의 가치는 행동이나 성취, 기여에 의해 결정되는 것이 아니고 얻거나 증명해야 하는 것도 아니라는(본문 85p)

점을 받아들이는 일이다. 엄마라면 누구나 잘 아는 이 명제가 내 아이에게는 의심 없이 적용되면서 스스로에게는 주춤거리는 것을 자각해야겠다.

어릴 적 맞벌이 부모를 대신해 우리 자매를 돌본 사람은 친할머니였다. 모성애는 물론 선천적이지 않다. '쓸데도 없는 가시나들이 사람 귀찮게 한다'고 여기는 할머니도 있는 법이다. 어린 나는 늘 쓸모를 인정받고자 노력했다. 의젓한 청소년기를 보낸 뒤에도 착한 딸에 대한 집착은 옅어지지 않았다. 기실 더 복잡하고 무거워졌을 것이다. 자신의 가치를 성과로 드러내야 하는 사회에서 미움받지 않는 것은 물론, 함께 일하고 싶은 동료로 보이고 싶었으니까.

그러다 아이를 낳았다. 안 먹고 안 자고 애 먹이다가도 한번 방긋 웃어 보이면 나는 황송해 어쩔 줄 몰랐다. 이게 이 생명의 가치로구나. 찬란한 모든 생들이 존재 자체로 존중받아 마땅하겠구나. 그리고 그 모두 안에 당연히 나 자신도 포함되어 있구나 하는 것을 나는 '작은 나'를 보며 깨달았다. 자신의 안전과 만족을 위해 애쓰는 일은 모두의 행복을 위한 도리여야 한다고 말이다.

내가 내 몫을 챙긴다고 해서 다른 사람이 그들의 몫을 얻지 못하는 것(본문 116p)이 아닐까 나는 근심해 왔다. 피자도 먹고 싶고 스파게티도 먹고 싶은 아이를 위해 내 메뉴는 정하지 않는 것. 사실 뭘 먹어도 상관없기는 하지만, 상대의 욕구를 내가 해결해 줘야 한다는 책임감이 옥죈 탓이었다. 책임이라는 말 속에는 그렇게 하지 못했을 때의 죄책감이 포함되어 있다. 이러한 압박 때문에 우리는 오히려 누군가 공감하고 위로하는 일에 더 조심스러운지도 모르겠다.

'내가 제대로만 한다면' 삶은 힘들지 않을까? 그럴 리가 있겠는가! 삶은 본디 낡고 닳고 삭아가는 일이다. 이 풍화 현상을 두려워하다 못해 피해 가고자 애쓰는 건 우매하다. 심지어 부정적인 생각, 슬픔이나 울분 같은 감정소차도 필사적으로 막으려 든다. 감정은 우리의 선택이 아니므로 어떤 감정을 느끼는 것은 자신의 잘못이 아닌

(본문 160p) 데도 우리는 '징징거리는' 나를 부끄럽고 못마땅히 여긴다. 내가 어느 정도에서 화를 내고 실망하는지를 아는 것은 매우 중요한 일이다. 내가 어디까지 견딜 수 있는지를 알게 해주기 때문이다. 즉 나를 알아가는 것, 내 안의 목소리에 친절히 귀 기울이는 것이 바로 자기돌봄이다.

작가가 솔루션으로 제시한 단어는 '그리고'이다. 상대의 처지를 인정하고, 그리고 나 역시 이해해 준다. 지금 누리는 것에 감사하고, 그리고 내가 바라는 걸 생각한다. 아내 생일 때 예쁜 앞치마를 선물한 남편이 있다면 "여보 고마워. 그리고 나는 귀걸이도 필요해."라고 말하면 되는 것이다. 여기서 '그리고' 대신 '하지만'을 쓴다면 사정은 완전히 달라진다. 모든 감회는 결핍과 부정으로 일단락되고 상대의 호의까지 망쳐놓고 말 것이다.

그렇게 해서 귀걸이 선물을 받았는지 아닌지에 대해서는 집착할 필요가 없다. 결과가 어떠하든, 심지어 약간의 말다툼까지 벌어졌다 하더라도 나는 나 자신을 위해 행동했다는 충만함을 즐기면 된다. 나는 살아있고, 소중하며, 스스로를 자랑스레 여기는 마음 말이다. 그 행복은 조그만 금붙이에 비할 수 없다.

글을 쓰는 우리는 이미 '그리고'의 마법에 대해 알고 있다. 뒤죽박죽 한 희로애락을 서너 뼘 건너 지면 위에 앉혀두고 이쪽에서 바라보는 그 정연함 말이다. 자전적 이야기임에도 아무개의 인생사로 거리 둘 수 있고, 실재의 현상과 감상임에도 메타포를 통해 자유로울 수 있는 경험. 수필을 쓰고 읽는 것은 스스로와 대화하는 일이다. 그렇게 내 안의 허기를 감지한다. 동시에 어떠한 만족감에 대해서도 생각하게 한다. 자신에게 부족한 부분을 헤아리다 보면 제법 구족한 것 또한 함께 떠오르는 법이니까. 자기돌봄은 이러한 내 안의 요철, 불룩 튀어나오고 움푹 들어간 모든 결들을 더듬어 알아가는 일이다.

하여 그날따라 날카롭게 패인 고랑에다 도도록히 장어덮밥으로 메우는 것도 좋은 방법이라 할 수 있다. 열 일 제쳐두고 하는 산책이나 새 크레파스로 환칠해보는 호사도 나쁘지 않겠다. 잘 궁리해 보면 나만의 장어덮밥이 뭔지 알아낼 수 있을 것이다. 자꾸 실험해 봐야 안다. 그렇게 얻어낸 돌봄 목록을 손 닿는 곳 구급상자처럼 구비해 두자.

내 마음속 가장 이울지고 축축한 그곳에 무언가 심어 두는 건 어떨까. 한숨으로 패이고 원망으로 깎여 못나게 일그러진 곳. 무심히 지내다가도 나도 모르게 다다라 엎디어 흐느끼는 거기에, 갈 때마다 무언가 한 뼘씩 자라난 것을 볼 수 있다면 말이다. 한 줄씩 늘어난 단어장처럼, 한 블록씩 길어진 걷기 코스처럼 스스로를 대견하게 여길 수 있는 무언가를 차곡차곡 쌓아가면 좋겠다. 속상할 때마다 꿰어낸 뜨개실들이 목도리 여러 개어치를 넘어섰다면, 그 매듭마다에 실렸을 한숨이 안쓰럽기는 하여도 적어도 목도리 몇 개는 알차게 남긴 것 아닌가. 세상에 온전히 슬프기만 한 일은 없도록 작은 들창 하나 열어둔다.

여지없는 낙담 안에서라면 나는 그 누구보다 다정하게

나를 위로하리라. 펑펑 울고 난 뒤의 나른한 평안만을 기억할 수 있도록, 넘어진 아이에게 그럴 줄 알았다고 면박주지 않도록, 스스로 사랑받고 있다고 느낄 수 있는 모든 제스처를 다 하겠다.

저자는 끝까지 당부한다. 계속 해서 자신의 편을 들라고. 하루하루, 평생 그래야 한다고. 이국의 이름 모를 그녀까지 당신을 응원하고 있다. 여기 나도 그렇다. 하물며 당신이 당신에게야!

4.

더 좋은 사람이 되기 위해 글을 씁니다.
더 좋은 글을 쓰기 위해
하루하루 알뜰히 살아내 봅니다.

헌 비누 새 비누

비누가 작아지면 거품이 잘 나지 않지요. 물속에 있는 마그네슘, 칼슘과 비누 속에 있는 나트륨의 화합이 어쩌고저쩌고 뭐 그렇다네요. 것보다 크기가 작아져서 제대로 문지를 수도 없어요. 손가락 사이를 빠져나가고 얇아지다 못해 부서지기도 합니다. 수챗구멍으로 흘러가고, 행주 삶는 통에 들어가고, 때론 샤워 타월이나 스타킹에 파묻혀 일기를 마감해야 합니다.

납작해진 비누 조각이 천대받을 때쯤 나는 새 비누를 꺼내 붙이는 작업을 시작합니다. 두 덩이를 물에 충분히 불려준 뒤 제법 세게 힘주어 맞붙입니다. 그런 다음 거품이 진득하게 엉길 때까지 거품망에 비벼서 접촉면을 마모시키지요. 무거운 덩이를 위로 두어 밤새 지그시 눌리도록 놓아두면 대개 다음 날 한몸처럼 붙어 있습니다.

처음 사용할 때는 헌 비누 쪽이 먼저 닳도록 문질러야 합니다. 이런 일을 하는 사람은 가족 중 나밖에 없습니다. 다들 통통한 비누 한 장쯤 늘 그 자리에 있는 줄로만 알지요. 누군가 무심히 쓰다가 붙은 부분이 떨어질 때도 있습니다. 들여다보면 맞붙여 놨던 자리가 충분히 뭉개져 있지 않은 걸 알 수 있죠. 수분이 날아간 헌 비누의 단단함이나 새 비누의 매끈함이 각각 그대로일 때 둘은 서로를 밀어낼 수밖에 없습니다. 본연의 조직을 일그러뜨리고 상대를 받아들여야만 비로소 완전한 하나로 결합할 수 있는데 말입니다.

나는 문득 노자의 말이 생각났습니다. '찰흙을 이겨서

그릇을 만들되 바로 거기가 비어 있어서 그릇을 쓸 수 있다. 문을 내고 창을 뚫어 방을 만들되 바로 거기가 비어 있어서 방을 쓸 수 있다.' 그 자체로 완전무결하고 아름다운 찰흙 한 덩이가 있은들 일부러 구멍을 뚫고 짓이기지 않고서는 쓸모가 확장될 수 없다는 뜻입니다. 한편 그릇 안의 '텅 빔'이란 것을 스스로 포기하고 훼손해야만 무언갈 담는 그릇으로의 가치가 완성된다는 말이기도 할 겁니다.

그 스스로 완벽하고 온전하게 다 찬 것은 아름답지만, 훼손되고 모자라고 비어있는 것은 새로운 쓸모로 나아갈 가능성을 내포하고 있습니다. 앞엣것은 정적이고, 뒤엣것은 동적입니다. 앞엣것은 결과고, 뒤엣것은 과정이지요. 감제력과 방향성, 그리고 기대감을 갖춘 과정. 유기물의 동력이 발생하는 정반합 투쟁의 구간. 실패와 실수가 거듭되는, 다소 어수선한 미완의 단계 말입니다.

새것은 새것대로, 헌것은 헌것대로 서로 본연의 모습을 일그러뜨리며 내어준 두 장의 비누가 하나처럼 붙었습니다. 손 씻을 때마다 단단함을 내어주고 거품으로 산화하여 때와 세균을 끌어안고 하수구 속으로 사라지는 일을 합니다. 그렇게 비누는 반듯함에서 일그러짐으로, 단단함에서 무름으로, 있음에서 없음으로 힘차게 움직이고 있습니다. 힘없이 사라지는 것이 아니라 유의미하게 변신하는 것입니다.

똘똘하던 삼십 대가 맥없이 사라지는 것을 아쉽게 바라보고 선 마흔 중반의 나는 아직도 새로운 십 년과 자연스레 결합하지 못했나 봅니다. 이음새를 못 찾을 정도로 한몸인 듯 연결돼 쓸모를 이어 나가지 못한 채 겉돌고 부서지는 신세를 한탄만 하고 있으니 말입니다. 한참 전에 지나가 버린 찬란했던 영광을 그 상태 그대로 욕심내는 것은 꼬투리 잡기용 투정이겠지요. 십 년 전 최신 인기곡도 지금 와 들으면 어설픈 면이 없잖아 있으므로 현재에 맞춰 편곡하는 용기가 필요한데 말입니다. 뜻있는 부분은 살리되 이제 와 적용하기 어려운 것은 과감히 손댈 수 있어야 생명력이 연장될 수 있습니다.

이미 다가온 새 시간, 그러니까 십 년 치 더 낡아진 나의 새 시대를 전에 비해 볼품없다 여기는 마음도 문제겠지요. 지금 주어진 이 시간은 성장하고 우왕좌왕했던 모든 시간들의 단단한 누적이며, 예전에 비해 굼뜬 듯 보이는 이 속도야말로 내 나이에 잘 맞춰가는 안전한 박자이자, 앞으로 다가올 십 년, 또 십 년들 중에서 가장 재기발랄한 속도임을 기쁘게 여겨야겠습니다. 그렇게 지나간 시간과 새 시간이 지혜롭게 편집되고 교감하고 융합하기를 바랍니다. 그렇게 지금 이 순간이 풍성하고 향기롭게 거품 일기를 바랍니다.

요란한 이음새 없이 오늘이 어제 뒤를 이어 지나가고 있습니다. 어느 한순간 경계를 품지 않은 때가 있을까 마는요.

뜨개질

뭔가 꺼림칙해하며 지나간 곳에는 전부 탈이 나 있다. 잘 몰라서 찍은 문제들이 하나같이 오답으로 판명난 셈. 괜찮겠지? 별일 아니겠지? 잠시 머뭇거렸다는 게 이미 그 순간의 불안을 증명하는 낌새들인데, 모른 척 당위로 밀어붙인 낙관이 헛되고 엉킨 민낯 그대로를 드러내고 만다.

실을 앞으로 가져와 안뜨기로 한 코 거르기, 다음 두

코를 함께 꿰어 겉뜨기, 이하 무한반복. 지독히 단조로운 동작에는 위선도 위악도 없다. 별다른 노하우도 없지만 그렇다고 함정 같은 것도 있을 리 없는 이 천진한 길 위에서 나는 왜 자꾸 발이 채어 넘어지는지 알 수가 없다. 인터넷 강의 동영상을 느리게 재생해 가며 확인해 보아도 손끝이 구현한 실제에는 영문 모를 불미스러움들이 남는다. 왜 틀렸는지 몰라서 어떻게 극복해야 할지도 모르면서 화르르 몽땅 풀어내는 데는 주저함이 없다.

다시 매듭지어 시작하는 바늘 옆으로, 내 앉은 자리 한가득 지난날의 오답들이 구불구불 널브러진다. 박박 지우고도 남은 거무스름한 연필 자국 같아서 산뜻한 새 출발이라고 우겨볼 재간이 없다. 마구 지워대던 지우개에게까지 검은 때가 옮아 붙어 뭘 지우고 고치고 하지도 못할 지경으로 너덜거린다. 단단한 대바늘에도 생채기가 남고, 뜨개실은 보풀이 일어 제멋대로 갈라져 버렸다.

그럼에도 다시금 실을 꿰어 묵묵히 돌려 감으며 한 줄씩 이어가려는 것은 이론과 실제가 일치하는, 오답 없는 가지런함을 이 손바닥만 한 편물로나마 경험해 보고 싶어서일 테다. 잘못 들어선 길 거슬러 나갈 수 없는 삶이 서러워서고, 틀린 부분까지 누덕누덕 끌어안고 가야 하는 신세가 한스러워서다. 괜찮겠지? 불온한 의심은 괜찮을 거야 의뭉스럽게 눌러 앉히고, 잠시라도 누리게 되는 가만함을 감읍해 맞이하면서. 그러고도 이 소소한 자축이 공평함을 관장하는 누군가의 비위를 거스를까 조신하고 저어하면서 무게중심을 낮춘다. 다가올 흔들림에 겁먹어 두 다리를 바닥에 딱 붙이고선.

잘못 엮인 부분만 살살 풀어 다시 시치미 뚝 떼고 바늘에 걸 수 있는 법을 터득할 즈음 손동작에 탄력이 붙었다. 시계방향, 반시계방향, 한 코만, 두 코 함께, 혼잣말 읊조리며 공들인 시간이 손목과 어깨에 내려앉은 모양이다. 그럴듯하게 자리 잡힌 자세는 이제 어지간해서 틀어지기도 어려운 듯싶지만 이따금 일부러 속도를 줄여 혼잣말 박자에 맞춰보곤 한다.

마침내 아이 목둘레만큼 질서가 누적된 순간을 맞이한다. 한 코 한 코에 이상이 없고, 한 줄 한 줄에 오류가 없는, 이론대로라면 언제나 아니 이럴 수가 없어야 하는 정연함. 시간과 에너지가 씨줄 날줄로 엮인 무오류의 작은 우주가 만들어졌다. 온전한 편안함을 합당하게 누린다. 살아가는 일에도 이토록 인과가 투명하길 바라는 엄마표 부적인 셈이다.

원고지 열세 장짜리 글 한 편을 쓰다 말다 실뭉치를 꺼내 안는다. 단어가 막히고 문장이 엉켜서 화르르 한 문단 지워버리고서다. 모양만 보고 불온한 것을 짚어내는 눈

썰미는 이제 어느 정도 생긴 듯싶은데 다시 새 고랑을 이어 붙일 일은 번번이 막막하다. 복슬복슬 실들을 제자리에 심는 일로 어그러진 마음 달래본다. 이쪽 바늘에 꿰인 매듭들에 실 한 바퀴씩 더 감아 저쪽 바늘로 옮기는 것이 이 일의 전부. 이제 엉키고 빼먹는 실수는 없는데 어찌된 일인지 그 시간만큼은 도통 드라마틱하게 줄지 않는다. 키보드에 두 손 올려 하는 이 일도 그렇다.

자음 모음 매듭지어 맞춤한 단어를 만들고, 그것이 자리 잡아 전체적으로 가지런한 짜임을 만드는 일. 너무 팽팽하지 않게, 그렇다고 얼기설기 맥빠지는 곳 없게, 지름길도 노하우도 없이 한 자 한 자 더듬어 엮어가는 일.

투명하고 무구한 이 모든 일들이 잘 끓인 밥처럼 탈이 없기를. 부적 하나 더 완성돼 간다.

운항

배를 운전할 때는 두 가지 힘을 생각해야 합니다. 미는 힘과 밀리는 힘. 전자는 자동차, 자전거를 통해 우리가 잘 아는 힘입니다. 걷고 달리는 힘 또한 이와 같지요. 농력이 스스로에 존재하는, 작정하여 통제할 수 있는 힘입니다. 힘을 더하고 줄이고 방향을 정하는 등 의도대로 만들 수 있습니다. 보트 시동을 걸어 전 · 후진을 정해 출력을 올리면 발생하는 힘이지요.

문제는 바로 두 번째 힘, 밀리는 힘입니다. 이것은 마찰력이 있는 땅 위에 접지한 전동기로는 경험할 수 없는 힘입니다. 미끄러지는 물 위에서 다른 저항에 의해 밀리는 힘. 외부 힘을 이용해 만드는, 그러니까 기대어 만들어지는 힘입니다. 바로 이 생경함 때문에 보트 조종에는 자동차 운전으로 익숙해진 습관을 완전히 새로이 하는 교육과 훈련이 필요한 것이지요.

그렇게 나는 보트 조종 면허 교육을 받게 되었습니다.

첫날은 아홉 시간 오롯이 교실에 앉아 있었습니다. 관련 법을 배우고 안전 수칙을 배우고 항로에서의 신호체계를 배웠습니다. 볼펜으로 교재 빽빽이 필기를 했고 화학 원소주기율표 암기하듯 몇몇 기호를 달달 외우기도 했습니다. 30분간의 점심시간, 짧은 휴식시간, 마침내 마지막 수업이 되자 강사님은 다음 날 있을 실기수업, 그러니까 보트 조종을 실제 하기에 앞서 이 힘에 대해 일러주었습니다. 내일은 바다 위 아홉 시간 동안 오로지 이

힘을 깨닫게 될 것이라고요.

이 힘을 머리로 이해하는 데는 어려울 것이 없습니다. 후륜에서 방향을 정해 앞바퀴가 따라가는 자동차처럼 꽁무니에 스크루가 달린 배 역시 거기서 속도와 진로가 정해집니다. 그렇게 전진 시작. 이 순간부터 밀리는 힘, 외부의 힘, 통제할 수 없는 힘이 개입하기 시작합니다. 아니 멈춰있는 순간부터라고 해야 옳겠네요. 바다 위에서는 브레이크를 밟고 사이드를 체결해서 우뚝 제자리에 멈춰 있는 것부터가 불가능하지요. 굳이 이 상태를 만들겠다면, 내부의 힘과 방향을 조종해 한없이 섬세하고 치열하게 외부의 힘에 대응해야만 합니다. 물은 자신에게 몸담은 물체가 가만히 있도록 버려두지 않습니다. 썰물 밀물로 움직이는 바다 얘기만이 아닙니다. 물의 마찰력이란 흘려보내고 떠내려 보내면서 0에 수렴하고자 하므로 물 위에 뜬 우리의 좌표란 언제나 찰나에 지나지 않기 때문입니다.

정해진 차선도 중앙선도 없는 물길이요, 오르막도 내

리막도 없는 수면이지만 배를 몰기 위해서는 길과 방향, 힘을 읽어야 합니다. 조금 전 멀리서 지나간 고깃배 한 척 때문에 내 앞으로 요철이 만들어집니다. 방향을 꺾다 보면 내 배가 만든 물줄기에 내 발목이 채이곤 하지요. 퐁퐁 작은 물방울들이 경고하는 바닷속 암초를 경계해야 하고, 허름한 부표 끝에 매달린 지구의 무게도 두려워해

야 합니다. 배가 밀리는 방파제의 견고함을 엔진 힘의 정도로 환산해야 하고, 오른쪽으로 돌아가는 스크루가 배의 오른쪽 엉덩이를 슬쩍 띄우는 간섭에 대해서도 감안해야 합니다. 이 모든 것을 이해하고 나면, 바다는 땅보다 더디고 땅보다 기민하며 땅보다 자유롭고 땅보다 고요하면서 땅보다 원대한 곳이 됩니다. 납작한 배 한 척으로 대양 위에 너르고 분방한 그림을 그릴 수 있습니다.

그렇게 바다에서의 첫날, 다섯 명 한 조가 돌아가며 배를 몰았습니다. 서먹한 조원들 간의 얌전한 응원과 묵직한 긴장을 한데 실어 실습 중간에 두 번이나 연료를 보충해야만 했습니다. 세월호 사고 첫날 검고 시린 물속에 있었다는 잠수부 강사님과 함께 배가 물에 밀리고 벽에 밀리고 제힘에 밀리는 일에 대해 몸으로 알아채었습니다. 각자 제 몸에 달린 엔진을 안고 뜻한 대로 달려오면서도 이리 쿵, 저리 쿵, 비틀거리거나 떠밀려야 했던 지난날의 승선 일지가 떠올라 항으로 돌아오는 중에는 아무 말도 할 수 없었습니다.

그럼에도 조종석에 앉은 나는 선장입니다. 선장실, 또는 조종석이 있는 배의 오른쪽 측면을 스타보드라고 부릅니다. 별의 자리지요. 거친 물 위에서는 돈보다도, 힘보다도 더 중요한 밤하늘의 별. 그 긍지를 안고 다시금 용기 내 한쪽 손은 핸들에, 한쪽 손은 기어 위에 올립니다. 조종술을 한 가지 더 익혔으니 삶 또한 좀 더 순조롭게 운항할 수 있지 않을까 하면서 말이지요.

날파리

이게 그 비문증이라는 건가 싶었다. 눈앞에 모기[蚊]가 날아다닌다[飛]는 이름의 고약한 병. 일명 '날파리증'이라고도 한다던데, 아닌 게 아니라 문제는 진짜 날파리 때문이었다.

복숭아에서 시작된 일이렸다. 하루 한 개씩 말랑한 껍질 벗겨 애들 먹이고는 씨앗을 쓰레기통에 그냥 버린 탓이다. 복숭아 껍질 알레르기가 있는 나와 남편 때문에 우리 집에서는 복숭아라는 말조차 금지어다. 그러다 내가 첫애를 낳고는 이 증상이 사라진 데다 둘째 아이가 밖에서 이 진미를 알게 되고선 올해부터 진상품에 올랐으니 나부터도 함부로 버린 복숭아 씨앗이 불러올 참상을 예기치 못했다.

짐승이고 식물이고 간에 산 것들은 제가끔 자기 몸 지킬 방어 기제가 있는 법. 날파리의 경우는 그 하찮은 몸피가 그것이리라. 어찌나 작고 비중이 없는지 나는 눈앞에 활개 치는 것을 보고도 착시 취급하고 만 것이 아닌가. 방충망 사이를 맘대로 들락거리는 건 물론이요, 손바닥 마주쳐 붙잡기도 쉽지 않다. 내가 휘두르는 손바닥 바람에도 떠밀려 흩어지기 십상인데, 큰애가 과학 시간에 배운 바로는 빗방울 떨어지는 반향에도 밀리기 때문에 비에도 젖지 않는다 한다. 말 그대로 너무 작고 하찮아서 멸문을 피해 온 셈이다. 벌레라면 치를 떠는 나도 날파리쯤은 전멸시키지 않고도 밤이 되었다고 잠자리에 들 수가 있다. 박쥐 열 마리라면 아홉 마리 내쫓고 한 마리쯤 처리 못 했대도 일단 오늘은 자고 내일 생각하자, 하진 못할 일이다.

부랴부랴 복숭아 씨앗을 밀폐 용기에 모아 냉동실에 뒀다가 종량제 봉투 내놓기 직전 꺼내 버리고는 있으나 늦게라도 수업료는 치러야 하는 법. 성충이 된 날파리는 난 지 반나절 만에 짝짓기를 하고 이틀 후면 알을 낳는다 한다. 알은 이틀 뒤 애벌레가 되고, 나흘 뒤 번데기에서 참깨만 한 날벌레가 되니 보름만 지나도 두 세대가 함께 설치는 것이다. 발발이, 얼룩이 분간할 재간은 없지만 얼마간 같이 지내다 보니 젊은 것, 나이 든 것 구분 정도는 하겠다.

우선 갓난 것들은 부엌에서 지낸다. 후각이 뛰어나고 행동이 민첩해 달고 신 냄새를 찾아 싱크대 어딘가나 벽에 묻은 영양분을 탐하며 거대한 인간의 공격도 가뿐히 피해 다닌다. 어찌나 빠르고 가만있질 않는지 이동 궤적을 눈으로 좇기만도 어렵다. 대식가요 스프린터이자 고성능 제트기다.

새끼를 다 까고 물러앉은 노구들이 모인 곳은 화장실 천장이다. 이들은 감각이 무뎌져서인지 도망도 치지 않는다. 악착같은 여주인이 욕조 테두리를 밟고 올라서서 거뭇한 것을 스펀지로 다 찍어 없앨 동안 그들의 좌표는 변함이 없다. 다음날 명이 다해 떨어져 죽는 곳도 욕실 바닥이다. 며칠 전까지 부엌에서 배를 불리고 짝짓기를 하고 알을 까던 놈들이 어떻게 죄멸을 향해 화장실로 찾아와 무념무상 가부좌를 트는 것일까.

과학 이론까지 들먹이지 않더라도 그들은 바닥에 떨어져 죽은 것이 아니라 죽어서 바닥에 나뒹구는 것이리라. 하찮은 몸은 추락한다 하여 부서지고 말고 할 게 없다. 그저 촛불처럼 생이 꺼져서 연기처럼 나부끼다가 재처럼 가라앉을 따름이다.

백과사전으로 날파리의 한살이를 들춰보고 몇 문장 끄적이기까지 올여름은 무척이나 길다. 큰애의 방학 특강 등교 시간을 맞추느라 아침 여섯 시 반마다 일어나 조식상을 차리고, 일주일 방학 후 등원할 참이었던 둘째는 전

염성 피부염에 걸려 열흘째 더 쉬고 있다. 글은커녕 집필실 화분이 다 말라 죽을 판에, 욕실로 건너와 죽음으로 흘러내린 날파리를 읽고 쓴다. 복숭아를 잘라 먹이고 씨앗을 단도리하고 걸레에 락스 묻혀 화장실 타일을 닦아내는 일은 너무나 작고 시시해서 부서지고 말고 할 것도 못 되는 일 같다. 환영처럼 흐릿한 날들도 모이고 쌓이니 마침내 큰애의 학업 수료식이 열린다. 내내 질끈 묶어 올렸던 머리를 풀고 안감 달린 블라우스를 입고 참석할 예정이다. 오는 길엔 피부과에 들러 둘째의 완치 소견서를 받아와야지.

옷 방 제습기 물 차는 속도가 더뎌지고 있다. 열 맞춘 우주 행성들의 차근차근한 이동에 사람의 시간이 하릴없이 떠밀려왔다. 날파리보다는 커서 내리는 비에 안 섞을 방도가 없고, 날파리만큼은 길을 몰라서 건너갈 곳 못 찾아 생과 사의 경계에서 그냥저냥 착시처럼 배회하는 사람의 시간. 아무리 쌓아 올린들 우주 안에선 어른어른 옳게 보일 리도 없겠지만, 가슴 부풀도록 숨 채워 넣고 쌀도 씻고 글도 쓴다.

복숭아와 날파리와 농가진의 시간이 저물고 있다. 글 쓸 시간 없다는 핑계가 한풀 꺾이는 중이다.

당신을 듣고 싶어요

산문의 시대라지요. 그럴 법도 합니다. 효율이 곧 경쟁력이자 선善인 지금, 목표점을 향해 최단 거리로 달려가는 것이 중요할 테니까요. 그러자면 의도나 뉘앙스를 충분히 전달해 곡해 없이 단번에 도달하는 기술이 필요합니다. 구체적이고 입체적인 서술 방식이 유용해질 수밖에 없을 겁니다.

'알잘딱깔센(알아서 잘 딱 깔끔하고 센스 있게)' 같은 희한

한 약어가 생겨나는 이유도 알 만합니다. 말을 덜 하고 싶어서가 아니라 주어진 시간 내 최대한 많이 정확하게 하고 싶어서일 겁니다. 유튜브, SNS 등에서 자신을 드러내는 컨텐츠가 넘쳐나는 이유도 이러한 욕구가 반영된 게 아닌가 싶습니다. 요즘은 아이들조차도 엄마가 좋아 아빠가 좋아 같은 짓궂은 질문이나 어떤 음식을 제일 좋아하냐는 말에 단답형으로 답하지 않습니다. 사실과 의견, 감정을 섞어 의사를 표현하곤 하지요.

소통에 대한 욕망은 종족의 기원으로까지 건너갑니다. 인간은 집단생활을 통해서만 생존 가능성이 높아지는 포유류입니다. 임신 기간과 유아기가 유독 길어 오랜 보살핌이 필요하기에 업무를 분장하고 장기적 계획을 세워 협심하지 않으면 세대 보존이 어렵습니다. 이러한 의지가 DNA에 새겨져 습성이 되고 취향이 되고 문화가 되었습니다. 인간의 나약함과 외로움이 계속되는 한 산문의 시간은 멈추지 않을 겁니다.

이 산문에 메타포가 들어가면 어떻게 될까요. 빗대어

말하는 은유가 가미되면 말입니다. 모르는 것을 아는 것에, 낯선 것을 익숙한 것에, 또 익숙한 것을 낯선 것에 비유해 표현하는 것이지요. 우선은 충분한 설명에 도움이 될 겁니다. 형언할 길 없는 복잡미묘한 것, 완전히 새로운 것도 찬찬히 그려낼 방도가 생깁니다. 메타포라는 개념이 과학계에서 시작된 유래가 이 때문이겠지요.

그리고 이런 예로 말할 수도 있겠습니다. 통한의 일제 강점기, 누군가 분연히 외칩니다. "조국의 독립을 위해 떨쳐 일어서시오!" 한편, 누군가는 시를 씁니다. 거울 속 사내가 부끄럽다고. 밉고 가여운데 자꾸만 돌아보게 된다고요.

전자에는 주장이나 정보가 단호하여 미루어 짐작커나 음미할 여지가 없습니다. 문장이 밖으로 나와 선언할 뿐 문장 안으로 들어갈 수 있는 문이 없습니다. 읽는 이의 자리가 없는 셈이지요. 읽고 듣는 나에 대해 궁금해하지 않습니다. 하지만 메타포가 들어간 문장은 이렇게 묻습니다. "당신 생각은 어떠한가요?"

당신을 궁금해하는 문장, 당신과 내가 얼마나 비슷하고 어떤 차이가 있는지를 확인하고픈 문장. 그렇게 너와 내가 우리가 되어가도록 만들어 주는 문장. 작금의 범람하는 산문들은 결국 이 문장으로 향하기 위함이 아닐까, 저는 생각해 봅니다. 메타포를 통해 우리의 소통이 더욱 농밀해지고 유연해지고 배려있어 진다고 저는 믿습니다. 바로 문학을 통해서 말이지요.

노아의 방주만을 살리신 하느님이 두려워 사람들이 높디높은 탑을 세웠다지요. 이 발칙한 도발에 내려진 벌은 바로 인종 간의 다른 언어라고 하는 군요. 그 뒤 불통하고 불화하여 바벨탑은 물 건너갔으니 그저 천벌을 무서워하며 살아야 할 판이 되었습니다.

그러나 그 후 오랫동안 사람의 말글이 가다듬어져 왔고, 그것을 실어 나를 각종 미디어도 개발되었습니다. 번역기가 필요 없는 인류 공통의 심상을 알게 되었고, 국경을 넘나드는 감동으로 한마음 되어 보기도 했습니다. 탑 쌓는 기술 대신 다른 기술로써 불통의 핸디캡을 뛰어

넘을 것이 아니라 조물주의 물벼락을 두려워하지 않아도 될 정도의 세상을 만드는 일이 먼저라는 것도 알게 되었습니다. 저는 문학이 그 일에 기여하고 있다고 생각합니다. 사람과 사람으로 쌓아진 공동체에 아교 역할을 하고 있다고 말입니다.

'알잘딱깔센' 그 느낌적인 느낌을 모두가 알아채고, 아이들의 우화 같은 긴 자초지종에 귀 기울이고, 나의 이야기에 너를 초대하는 메타포의 문을 열어 둔다면 세상은 분명 더 좋은 곳이 될 겁니다. 섬세한 교감은 서로를 이해하고 다양성을 인정하고 집단 지성을 만들어갈 수 있게 합니다. 흠 없이 완결한 고리에 메타포라는 틈을 벌려 서로를 걸고 엮는다면 우리의 연대가 얼마나 결결이 공고해질까요. 그렇게 만들어가는 세상은 또 얼마나 평화롭고요.

그렇게 오늘도 글을 씁니다. 문학 안에 나를 담고 은유의 다리를 놓아 당신에게 건너가고자 합니다. 당신을 알고 싶어요. 당신의 생각을 듣고 싶습니다.

아아 아버지

미사 시간에 모여 앉은 사람들. 몸보다 마음이 주려 이곳까지 찾아온 것일 거다. 절대자라는 든든한 어버이께 아들딸로 받아주십사 무릎 꿇고 청해왔다. 제 마음 충만치 않다는 사실을 깨닫지 않고서는 올 수 없는 길을 딛고 왔다.

자신의 갈증을 느끼지 못하고 사는 것은 기실 행운에 가까운 일 아니겠는가마는, 그것이 차고 넘치는 물세례를 구경조차 못 해봐서 그런 거라면 얘기가 좀 달라진다. 한번 흠씬 젖고 난 다음에는 그 충만함을 몰랐던 삶으로 돌아갈 수가 없다. 꿈 같은 추억으로 품고 살 수도 있겠고, 간절한 목표 삼아 살아갈 수도 있겠지만, 어쨌거나 목마름인지도 모르고 산 지난날이 가련하게 여겨질 수밖에 없으리라.

물론 아무것도 할 수 없는 상황에서라면 어둠이 어둠인 줄 모르고, 허기가 허기인 줄 모르고 사는 편이 차라리 다행인지 모른다. 하지만 나는 알아버렸다. 아이 낳고 알았고, 그 전에 남편 만나 알았다. 그보다 훨씬 전 부모의 지극한 돌봄 받으며 사랑받고 사는 일의 차고 넘치는 기쁨을 알아버렸다. 그 바람에 그것 없는 만족이란, 행복이란 얼마나 작고 일천한지도 알게 된 것이다. 그렇게 사는 일의 쓸쓸함과 괴로움, 끝 간 데 없는 자괴감까지도 말이다.

그러니 아버지. 하늘에 계신 아버지 이전에 땅에 계신 나의 아버지. 어린 딸의 장난감을 닦아주고, 멀끔한 교복

값을 구해오고, 결국 토해버리고 만 내 안줏값까지 벌어 주시던 아버지. 그 아버지께도 행복의 한계치를 갱신할 기회가 주어진다면야 그보다 좋을 일 없겠지만, 그렇다. 그 일 앞에는 마음 주린 아픔이 앞서야 한다. 제 안의 갈증에 목말라 홀로 두려워하며 자책까지 하게 되는 깨달음의 시간이 전제되어야 한다. 두 손을 마주 쥐고 미사 예배를 올리는 이들이, 그래서 나는 우선은 딱하고 가련하다. 하물며 그분이 내 아버지라면야.

새봄에 미사를 드렸다. 한 계절을 늦게 온 것도 모자라 시작 시간 딱 맞춰 뛰어오는 바람에 끝자리에 겨우 앉았다. 대각선 저 멀리 익숙한 실루엣이 보인다. 제대 오른쪽 맨 앞자리는 예복을 갖춰 입고 예배 진행을 돕는 성도들이 앉는 곳이고, 바로 그 뒤 예비신자석에 아버지 닮은 이가 앉아 있다. 앞으로 살짝 들린 귓불이며 오래 낀 결혼반지에 패인 손가락 마디까지 같다. 미사 주보를 열심히 읽는 모습 또한, 모든 활자를 꼼꼼히 읽는 평소 스타일과 같아서 저러고도 내 아버지가 아니라면 영혼까지 같다 하여 살면서 마주치면 안 된다고 하는 도플갱어 이론을 믿어야 할 판이었다.

아버지가 확실하다는 생각이 들자 미사에 집중하기 어려웠다. 그 사내가 가여워 견딜 수 없었다. 얼마 전 어지럼증으로 검사를 했다가 뇌경색 진단 받으신 일이 생각났다. 의사가 스텐트 삽입술을 권하더라는 말이 떠올랐고, 그로부터 며칠 지나지 않아 코로나에 감염돼 일주일 갇혀 지내신 일도 생각났다. 냉동실에 남은 코다리가 있어 맑은 탕을 끓여 보냈다. 아픈 목에 개운한 국물로 밥알 수월케 삼키시라 했다. 큰 탈 없이 회복하신 줄 알았다.

나이 일흔여섯. 큰 탈은 이미 그 숫자 안에 상주해 있는 것일까. 앓고 나면 절로 생긴다는 항체처럼, 일흔여섯 해를 온몸으로 살아내면 그 안에 철 끝난 벚꽃잎처럼 오만 피로들이 쌓여있을 것이다. 그것들이 어느 날 뭉치고 엉켜 병이 되는 게 아닐까. 산화와 풍화를 붙들어 매 놓을 순 없으니까, 앞장서 걷던 아버지의 걸음이 자꾸만 느려지는 것도 치료할 수가 없다. 그 숨 가쁜 절망은 최첨

단 스텐트로도, 거푸 맞는 백신으로도 어찌할 도리가 없는 것이다.

별수 없을 땐 아버지를 부른다. 싸워 이길 재간도 없거니와 붙어볼 엄두조차 못 낼 때면 엄마 하고 울어버리고, 울 아버지한테 다 이른다고 씩씩거리게 된다. 풀지 못할 숙제를 받은 아버지에게도 또 떠넘길 아버지가 필요할 것이다. 우리 아버지가 저 자리에 앉아 주름진 두 손을 공손히 모아 쥔 까닭은.

그 노신사는 그저 아버지를 많이 닮은 분으로 결론 났다. 나만큼은 아니어도 많은 이들이 예비신자석에 앉은 노인을 눈여겨보았을 것이다. 가톨릭 신자가 되려면 몇 달씩 교리 공부를 해야 하고, 다시 태어나는 의미로 대부 대모님도 모셔야 한다. 그분을 아들 삼을 젊은 엄마가 정해졌을까. 삼 주 뒤 영세식에서 그는 스스로 지은 세례명으로 절대자의 호적에 이름을 올릴 것이다. 당신의 갸륵함을 깨닫고 홀로 어둠 속에서 허기졌던 시간보다 기도문 외우기 바쁜 삼 주간의 시간이 어쩌면 더 길게 여겨질

지도 모르겠다. 그 사이 영감님의 벚꽃잎이 좀 천천히 나리기를, 짧은 기도 보탠다.

그날의 성경 한 줄은 방탕히 지내다 돌아온 둘째 아들을 위해 살찐 송아지로 식탁을 차린 아버지 얘기였다. 한 번도 집을 떠난 적 없는 성실한 큰아들이 조금은 볼멘소리로 묻는다. 왜 동생에게 이리 후하신 거냐고. 아들아, 너의 동생은 죽었다가 다시 돌아온 것이다. 이 어찌 축하하지 않을 수 있겠느냐.

아버지들 마음이 이토록 후덕하시니, 나는 다음번 미사도 계절 하나 건너뛸지도 모르겠다. 하지만 울 아버지께는 조만간 냉동 말고 생도다리로 끓인 쑥국 한번 대접해야겠다.

여전히, 무지개, 72.7x100cm, acrylic on canvas, 2023, cmyk

#여전히 남아 있다.

빛바랜 편지처럼, 흥얼거리던 노래처럼

그를 떠올리게 하는 추억의 파편들은

그림자처럼 깊고 길게 일상 속에 있다.

아버지가 정원에서 피워내던 무지개.

그 단단하고 따스하던 손.

만날 수는 없지만, 여전히 남아 있다.

어떤 부정

앞서가는 트럭 안에 조화 화환 한 그루 누워 있다. 천막 포장 아무렇게나 펄럭이고, 가고 서고 요철마다 덜컹거린다. 백발 같은 꽃잎들이 거칠게 흔들리는데도 누운 모습 위태로워 보이지는 않는다. 삼 발 나무 지지대를 두 발처럼 뻗고 편히 잠든 듯하다.

몸피가 지닌 우람한 곡선 때문이기도 할 터. 삼단화환 맨 위 머리 부분 둥그렇고, 가운데 뱃구레 후덕하다. 나부끼는 잎들조차 중력이 잡아끄는 대로 날카롭게 처박히지 않는다. 살아서 풀썩이는 것과는 다른 속도, 다른 방향으로 저 홀로 일렁인다. 그 옆에 모로 누워 듬직한 그이 가슴에 팔 올려 한숨 자고 싶다. 일렁일렁, 뜻 없이 무른 꿈을 꿀 수 있으리.

사위가 고요하면 홀로 깨야 하겠지. 그이는 가야 할 길로 모셔졌을 테니. 검고 어두운 곳에서 가장 밝고 환하게 피어 우뚝 문 앞을 지키러 갔을 것이다. 빗은 듯 가지런하고 촘촘한 꽃잎들을 칼처럼, 창처럼 활짝 펼쳐 안의 울음이 밖으로 새 나가지 않게 막아선다. 혹여 묻어나 갈 상심을 훑어 신발장 안으로도 쓸어넣는다. 그 기세가 호연하여 사람들은 제 신을 찾아 신고서는 눈물을 뚝 그치고 단단히 걸음을 내딛는다.

유독 화환 많은 어느 장례식장이었다. 우락부락한 천하대장군 군단이 복도 양쪽으로 도열한 것 같았다. 그 사이를 덜덜 떨 듯 지나면 길 끝에 예실 입구가 나타났다. 낮은 수런거림과 까만 옷들이 배어 나왔고, 조그만 옷 하나가 끼어 있었다. 더 작고 하얀 삼베 조각이 그 아이 팔뚝을 붙들고 있었다.

완장에게 그악스레 붙잡힌 아이는 영문을 알 수 없으리라. 치맛자락을 끌며 나온 여자도 답을 모르긴 마찬가지. 다만 아이의 머리칼을 손가락으로 빗겨주며 너무 큰 절망이 그 안으로 파고들지 않길 바랄 것이다. 화환들이 거기 그렇게 빼곡히 몰려 서서 슬픔을 체에 거르고 비질을 하고 눈을 부라리는 것도 같은 까닭 아닐까.

생의 끝에서 저편으로 건너가는 일이 누구에겐들 호락할까. 자, 부, 손 유가족 이름이 더 쓸 곳 없이 빼곡한 구순 노인도, 유치가 빠지지 않은 아이를 상주로 앉힌 젊은 남자도 발걸음이 떨어지지 않는 건 마찬가지일 것이다. 그가 이루지 못한 일 때문이 아니라 이쪽 편 상실의 낭떠러지 앞에 선 늙은 아내나 어린 아들의 손을 잡아줄 수 없는 것이 한스러워서.

해서 그들은 날 선 슬픔이 조금 눅진해지도록 곁에서 기다린다. 조금 부스러지고 일그러져 그런대로 견딜 만한 것이 되도록 차가운 서랍 안에서 참고 기다린다. 남겨진 가족에게 뜨끈한 국밥을 먹이고 친지들을 불러 모아 대신 위로를 부탁한다. 그리고 화환을 세운다. 절 입구에서 마귀를 밟아 누르는 사천왕상처럼, 장대 같은 키에 우락부락 가슴을 부풀려 저 대신 가족을 지키고 돌보라고 그렇게 하는 것이다.

트럭 안에 누운 그의 자태가 듬직한 것은 이 때문이리라. 그 품에 가만히 안기길 하는 마음이 들 법도 하다. 촘촘한 이파리로 내 머리를 쓸어내리며 서리캐 잡아내듯, 엉킨 곳 풀어내듯 지독한 낙담이 눌어붙지 못하게, 마음 추슬러 문밖에 나설 수 있게 망자의 마지막 당부를 위임받았으니.

이제 떠나시오, 어린 아비여. 이제 떠나도 되시겠소, 근심 많은 할아비요. 야윈 아내가 손주 놈 밥을 떠먹이며 더러 웃기도 하고, 장성한 아들들이 제 어미 끌어안고 싱거운 소리도 하는 걸 보니 이제 걱정 말고 가셔도 되시겠소. 젊은 허리 꺾여 떠나는 자의 미련이야 어찌하겠소만,

아이는 일찍 철이 들 테고 아내도 여장부가 될 테니 너무 미련 두지 마시오. 아버지의 절절한 응원을 가슴에 품고 아들은 제 운명보다도 더 옹골차게 자랄 것이므로 이제 그만 부릅뜬 눈을 감고 어깨 떨궈 편히 누우시오.

때때로 곤란한 일은 저 국화가 해내지 않겠소. 아이가 처음 본 그 찬연한 꽃무리. 절망 속에서 만개한 생명력 넘치는 송이송이들이 살아가는 내내 머리 쓸어내리는 농밀한 빗살이 되어줄 것임을, 나는 믿을 수밖에 없소이다. 저 든든한 모습을 보자면.

뚝딱

한 그릇 또 뚝딱이다. 있었는데 사라지는 마술처럼, 아이들 밥그릇 비우는 일에 도깨비방망이 휘두르는 표현이 쓰일 만도 하다.

방금은 사실 차리는데도 얼마 걸리지 않았다. 어제 해둔 찰밥과 김치찌개를 데우면서 달걀 후라이나 몇 개 했다. 매운 걸 아직 못 먹는 둘째를 위해서는 달걀 지단을 만들어 밥을 멍석처럼 말아냈다. 냉장고 반찬 몇 개 꺼내고, 오므라이스 위에 케첩으로 하트 그려 넣는 시간까지 합해 봤자 십여 분이나 될까. 그래도 먹는 시간이 항상 더 금방이다.

밥술 놓고도 괜히 지범거린 멸치볶음을 우물거리며 자리에서 일어난다. 먹은 거에 비해 설거짓거리는 늘 많다 싶은데, 여기저기 나눠주느라 큰 솥 가득 끓인 냄비가 벌써 싱크대 한가득이다. 돼지기름 낀 벌건 솥을 들었다 놨다 하면서 한숨이라도 쉬었나 보다. 식탁 위를 정리하던 큰애가 그 소리를 들었는지, 우리가 너무 빨리 먹어 허무해서 그러냐 한다. 그럴 리가. 맛나게 먹어주니 늘 고마울 따름이다. 다만, 먹고 사는 일의 무게가 이 솥만큼 묵직하여 나는 수세미를 손에 든 채 가끔씩 아득해지는 것이다.

장을 봐와서 재료를 다듬고 육수를 뽑고 간 맞춰 익혀내는 일 이전에 그 밥을 버는 일부터 생각해야 옳겠다. 유기농 매장에서 좋은 쌀을 고르는 일. 국물 한 술에 고기 한 점 들도록 앞다릿살을 양껏 주문하는 일. 그 일에는 남편이 입에 단내가 나도록 회의를 하고 전화 통화를 하는 수고가 들어가 있다. 서울로, 광주로, 대구로, 가끔은 해외로 바쁜 남편의 출장 가방이 거기에 있다.

통통한 쌀알이 여기까지 온 일을 생각하면 더욱 까마득해진다. 땡볕이 쏟아지기 전 새벽부터 몸을 놀리고, 가까운 외출 잠깐에도 마음 편치 못했던 농부의 삶. 내 친구가 농부라서 나도 안다. 저 달걀이 가지런히 열 알씩 담겨 우리 집 냉장고에 예사로 놓이기까지는 아빠는 없는 셈 치고 자란 삼 남매의 쓸쓸함도 들어있다는 것을. 노른자가 선명한 유정란을, 우리는 늘 흰자만 살짝 익혀 밥 위에 올려 먹는다. 그 충만한 고소함에는 슬프거나 모자란 것이 조금도 느껴지지 않기에 애쓰지 않고서는 느낄 수 없는 일이다.

그렇게 무사히 일주일이 흘렀다. 간단히 먹는 아침을 제하고도 열네 끼의 밥상이 무사히 차려졌다 달게 사라졌다. 뚝딱. 마술처럼 묘연하다. 그 무거웠던 찌개 솥도 멀끔하게 씻겨 반반한 설렘을 드러내 보인다. 또 그 한

가득을 채웠다 없애는 마법 같은 일상이 계속될 것이다. 코로나 양성 판정을 받기 전부터도 한솥밥 식구들이 염려돼 거처를 옮긴 남편이 내일이면 집에 돌아온다. 일주일 집에서 쉰 아이들은 내일부터면 학교에 간다. 매일 두 끼씩 도시락과 간식거리, 커피를 내려 담고 칸칸이 과일통까지 챙겨 남편 묵는 집필실 앞에다 내려놓고 가던 나의 두 집 살림도 오늘로 끝났다.

점심시간 맞춰 뜨신 밥을 지어 가면 문밖에는 남편이 씻어내 논 전날의 그릇들이 가지런했다. 삼겹살 기름도 없고, 무말랭이 고춧가루도 묻지 않은 말간 접시가 나는 어쩐지 눈물겨웠다. 노고가 뭔지 모르고, 바이러스가 뭔지도 모르는 달걀노른자처럼 해사하고 영롱하기만 한 것이. 내 기척을 들은 남편이 문 안에서 인사를 건넨다. 고마워. 잘 먹을게.

잘 먹어줘서 고마운 가족들이 마침내 한 식탁에 마주하는 날, 대합을 볶아 미역국을 끓일까, 매생이를 풀어 떡국을 끓일까. 무엇을 차려내도 한 끼 또 뚝딱할 것이다. 다 먹도록 온기 머금은 밥그릇 국그릇 네 개씩과 수저 네 벌, 접시들과 냄비를 씻어 건조대에 엎어 놓아야 나는 비로소 이 천연한 마술 쇼를 온전히 끝낸 기분이 들 것 같다. 밥이 건강히 우리에게 와서 내 가족을 살리고 사라지는 마술. 이토록 신비롭고 감격스러운 하이라이트를 위해서라면 준비하는 얼마간의 수고쯤이야!

새록새록 낯설게

휘리릭 흘러가 버리는 날들의 한 페이지를 활짝 눌러서 펼쳐 놓습니다. 구수하고도 새뜻한 종이 냄새가 느껴집니다. 사위는 여전히 바삐 흘러가지만, 이 후각에 사로잡힌 지금은 눈앞에 펼쳐진 페이지에 모든 감각이 붙들리고 맙니다.

자연스레 왼편 윗줄부터 읽어갑니다. 등받이에 붙었던 상체가 자꾸만 앞으로 기우네요. 손가락으로 글자를 더듬어 내립니다. 곧으면서도 유연한 획들이 낯설고 아름답습니다. 미색의 적당한 행간은 평온함을 선사하네요. 글자가 머금은 뜻은 또 얼마나 가지런한가요. 숨 막히는 긴장감이나 울분도 없고, 그렇다고 벅찬 희열이나 감흥도 없지만 그래서 더욱 눈물 나게 평화로운 문장입니다.

휘리릭 떠밀리듯 넘길 땐 몰랐는데 이런 내용이 있었던가 싶습니다. 연필을 들어 밑줄을 긋고 싶어집니다. 동그라미를 치고 별 모양을 그려 넣기도 합니다. 색깔 펜을 꺼내 떠오르는 낱말을 적어 두기도 하지요. 문단 마지막 여백마다 손 글씨가 빼곡해집니다. 얼마나 이러고 있었던 걸까요. 펼친 곳은 아까와 완전히 달라져 있습니다. 충만한 마음으로 오늘은 이쯤에서 책을 덮습니다.

이런 몰입의 시간이 잦아진다면 우리의 책은 훨씬 두툼해질 게 분명합니다. 세상에서 하나밖에 없는 나만의 보물이 될 테지요. 때론 소외되고 상실하는 일에 대해서도 동그라미를 그리고 메모를 적어 넣다 보면 그런대로 견딜 만한 일, 어쩌면 꽤 낭만적인 일로 느껴질지도 모릅니다. 좋은 일이야 말해 무엇할까요. 꼼꼼히 기억하고 충분히 음미함으로써 그 환희는 늘 새것처럼 가슴 뛰겠지요. 햇빛과 바람으로 말린 수건처럼, 따사로운 관심과 상쾌한 독려는 우리를 올올이 살아있게 합니다. 어떤 감상에 대해서도 후줄근해지는 법이 없습니다. 천하일품의 진미인들 꿀꺽 삼켜버리고 만다면 아무 감흥 느끼지 못할 테니까요.

수필이, 바로 이런 일을 한다고 나는 생각합니다. 휘리릭 넘어가는 일상의 한 페이지를 꾹 눌러 펼쳐 놓고 한 줄씩, 한 자씩 다시 읽어보는 일 말입니다. 밑줄을 긋고 동그라미를 치고 느낀 바를 적어 넣는 일. 그렇게 그 삶을 두툼하고 풍성하게 만드는 일. 다른 이의 수필을 읽을 때도 그렇습니다. 나와 비슷한 일, 전혀 다른 일, 비슷한 감흥, 전혀 다른 감상을 보면서 내 내용에 더욱 집중할 수 있지요. 그렇게 한 구절 더 적어넣을 것이 생깁니다.

감사와 감동이 무뎌지지 않고, 상심과 분노에 대해서도 들여다볼 용기가 생깁니다. 엉킨 것을 외면하지 않고 살살 짚어가다 보면 고약하게만 보이던 일도 퍽 단순한 꼴을 하고 있다는 걸 알게 됩니다. 게다가 그 고약함이 나를 향한 짙은 적대에서 비롯된 게 아니라는 것도요. 그런 건 그저 상대나 환경이 제 나름으로 애쓰느라 돌아가던 중에 역시나 열심이던 나의 반경에 걸려든 것에 불과합니다. 그 시시한 내막을 알게 되면 자연스레 그것에 붙들리지 않을 수 있습니다.

세월 참 빠르다고, 우리는 지난해보다 더 자주 말하곤 합니다. 나이가 들수록, 환경에 익숙해질수록 일상에 벌어지는 일을 듬성듬성 보아 넘기기에 그렇다더군요. 감각이 둔해져 여타 자극에 하나하나 대응치 못해서 말입니다. 말간 혀로 밥을 씹고, 처음인 양 흥미롭게 장난감을 갖고 노는 아이는 하루가 짧지 않습니다. 세월이 뭉텅뭉텅 지나가 버리지 않습니다. 익숙지 않은 곳에서 새로운 것을 살피고 접하는 여행객의 하루도 그렇지요. 낯설게 바라보기. 신선한 환기와 충만한 음미는 바로 여기에서 오는 것이라 하겠습니다.

수필의 소명도 이것입니다. 별다를 것 없는 일상의 한 대목을 펼쳐 손가락으로 일일이 짚어가며 좀 낯설게 바라보는 겁니다. 새롭게 생각해 보고 넓게도, 좁고 깊게도 궁리해 보고 무언가에 빗대어 이해하기도 합니다. 그러다 보면 그 순간만큼은 지구별을 유랑하는 여행객이 될 테지요. 가방을 끌어안고 경계를 늦추지 못하는 난민이 아니라 스스로 낯섦을 찾아 나선 즐거운 여행자. 하루 중 한 페이지만이라도 나는 당신이 새록새록 해지기를 바랍니다. 능숙함 대신 천진한 서투름으로 천천히 문제를 풀고 오지선다 보기에도 없는 답을 지어내길 바랍니다.

이를테면 이런 식은 어떤가요? 하는 마음으로 나는 수필을 쓰겠습니다. 나의 페이지를 펼쳐 오톨도톨한 현상과 심상을 더듬어 기분 좋은 이물감을 느껴보겠습니다. 그것을 행과 열을 맞춰 종이 위에 옮겨 적어 보겠습니다. 누군가 스스로의 페이지를 탐구하는 데 도움이 될 만하도록 거짓 없이 쓰겠습니다. 수필이 인생의 참고서가 되도록 말이지요.

space out no.9, 29.7x21cm, 먹 드로잉, 디지털 혼합매체, 2020

#저글링을 한다.

손에 익숙해지며 박자가 생길 때까지

얼마나 오랜 시간 연습했을까.

마침내 여러 개의 공들이 엉키지 않고

각각의 궤도를 그려낸다.

그가 만들어낸 것은 찰나의 작은 우주 하나.

맨밥

첫 책이 나왔다. 내 이름 석 자가 표지에 박히고 개인 프로필로 텍스트가 시작되는 책. 게다가 수필집. 친정 엄마 다친 얘기며 애들 젖 물릴 적 얘기, 별일 아닌 걸로 큰애 야단쳐 놓고 가슴 쥐어뜯던 얘기까지 그야말로 오만 TMI가 방출되었다.

일상 너머에 내재하는 세계와 인간 존재의 보편성을 탐색하기 위한 논리적 언어수행을 산문이라 한다지. 하지만 번듯한 수행 한 접시를 내어놓으려면 일단 소매 걷어붙이고 투박한 일상부터 주물럭거려야 한다. 흙 묻은 껍질 씻고, 단단한 꼭지 떼고, 쓰고 떫은 것 내버리고, 미끈거리는 것 뜯어내는 여타의 과정은 조밀하다 못해 좀스럽고, 평범하다 못해 남루하다. 어릴 적 나는 점심 뭐 먹었냐 묻는 친구 말고 밥때를 거르며 철학을 논하는 선배를 좇아다니는 쪽이었다. 사랑을 하려거든 그렇고 그런 뻔한 연애 말고 비극적 새드엔딩을 갈구하던 철부지였던 것이다. 그랬던 내가 좀스러운 일상을 주물러 글의 접시에 올려놓는 일을 하게 될 줄이야.

최근 어느 명문의 작가는 밥도 아니고 팅팅한 라면 한 그릇으로 짧은 글 한 편을 펼쳐 내었다. 파 한 줌, 계란 한 알 들지 않은, 보기만도 그저 그런 인증샷도 함께 올렸다. 예쁘고 귀하고 자랑스러운 것 넘쳐나는 SNS 게시판에 너무 볼품없어서 눈에 띄는 라면 한 그릇이 대가의 문장 안에서 얼큰한 사유로 풀어지는 것을 나는 보았다. 흡사 예수님이 닦아주었다는 배신자의 발처럼, 그 대상이 하찮을수록 감상의 풍미가 더 극대화되는 것은 아닌가 생각할 정도였다. 그러라고 그런 것은 아니지만, 새삼 내 책을 다시 읽어보니 자잘한 일상의 편린들이 어찌 이리도 많은지.

수필 계간지를 읽으면서 베스트 작품 열 편 고르는 일을 하게 된다. 그렇게 올해의 작품상을 받은 적 있는 나는 그 은혜에 보답하는 마음으로라도 성실한 독자의 몫을 다하려는바, 나름대로 세운 선정 기준은 다음과 같다. 문장이 아름답거나 삶이 아름다운 것. 아름답다는 의미가 고작 커다란 눈이나 오뚝한 코 따위를 뜻하는 게 아닌 줄은 아실 터 삶의 아름다움에 대해서만 설명하자면, 이를테면 용기 같은 것이다. 가령 늘 생각은 하지만 실천으로 옮기지는 않던 걸 한번 해보는 용기. 글로는 수백 번 휴머니즘을 행하지만 선뜻 몸으로 표현하기는 쑥스러운 걸 시도해 보는 일. 그게 단지 작품에 써먹기 위해 부려본 일시적 이벤트라 하더라도 그 글이 허구가 되지 않도록 노력한 인문학도의 가상함이 느껴질 때, 나는 담음새가 조금 어색해도 재료가 좋은 작품으로서 상위권에 올려 둔다.

삶이 글이 되기 이전의 것은 이 사이에 낀 고춧가루만큼이나 적나라하다. 가령 타성과 고정관념, 오래 묵은 편견과 딱 들어맞게 자리 잡아버린 부조리 같은 것. 그 적나라함을 못 견디는 이들이 있어 문학이 여기까지 온 것일 테다. 그 적나라함을 그대로 버려두고 무심히 또 다음 적나라함으로 넘어가는 것, 그래서 결국엔 적나라한지 아닌지도 모르고 살게 되는 것. 바로 그런 걸 참을 수 없어서 아무도 시키지도 않은 이 짓을 밤새 머리 쥐어짜 내며 하고 또 하는 것은 아닐까. 누구도 알 길 없는 각자 생의 속살을, 기미와 잡티, 뾰루지로 얼룩덜룩한 민낯을 똑바로 바라보는 것부터가 앞서 말한 아름다운 용기다. 벽처럼 단단한 타성을 무너뜨리고 밖을 향한 창을 내는 것. 그 창으로 내가 밖을 살피듯 밖에서도 내가 보이도록 투명하게 닦아 놓는 것. 여기서부터 이미 인문학도의 가상함은 시작되었다고 할 수 있다.

누구도 궁금해 않던 어제까지의 비밀이 수필 한 편을 통해 세상으로 타전된다. 사실 비밀이랄 것도 못 되는 뻔한 희로애락과 조잡한 일희일비가 식자재로 들려 나온다. 그것을 의미 있게 단도리해, 반성과 깨달음으로 끓이고 졸여 원재료의 맛과 영양이 의미 있게 남은 요리 한 편으로 문학이라는 접시 위에 담긴다. 누구든 식탁에 앉아 숟가락을 들어주시길. 요란스럽게 혀를 굴리는 소믈리에처럼 마음껏 맛보고 음미해 주시길.

그러다 목구멍이 찔리고, 입안 볼살이 씹히고, 사레에 걸려 기침을 캑캑, 눈물까지 찔끔, 재채기가 나와 온 야단법석, 그렇게 당신의 일상에 별스러운 소요를 일으킬 수 있다면 내 글은 요깃거리 이상의 뭔가를 해낸 셈이 된다. 문자를 읽고 서사를 이해하는 만족감 이상의 무언가. 숨이 오가는 길, 음식이 오가는 길, 그렇다고 딱 정해진 그 길 사이를 건드려 통증으로라도 거기에 무엇이 있노라 알게 되는 일. 밥만으로도 사색만으로도 살 수 없는 경계의 영토를 늘여가는 것만이 우리를 더 용기 있고 의

연한 인간으로 자라게 하는 것은 아닐까.

모든 문학이 생 안에 있다지만 밥그릇 가장 가까이에 단연 수필이 있는 듯하다. 허여멀끔한 얼굴을 하고 상온에서 덤덤히 마르고 물러가는 맨밥 옆에 말이다. 손써볼 수 없는 낱낱의 우연과 현상 앞에서 수필가라는 자들은 발을 동동 구르는 대신 그 밥을 씹으며 밥의 일을 생각한다. 어제까지 비밀이거나 또는 아무것도 아닌 것들의 이치를 생각한다. 깨닫는 것이 있어 누군가의 허기가 면해지길. 아니면 누군가 본인의 허기를 알아차리는 데 도움이 되길 소망한다.

마흔여섯

삶이 허리까지 왔다.

삶이 겨우 발바닥이나 간지럽힐 때는 웃음이 자주 나와 부모를 기쁘게 하였다. 야린 살에 닿는 이물감이 낯설어 울기도 자주 울었으나 그 또한 부모의 감격이었다. 밀물처럼 새날의 물이 울컥 적실 때마다 나는 조금씩 아프고 보채다 다음날이면 이내 보얀 낯으로 한 뼘 더 생 쪽으로 나아갔다 한다. 기억 못 할 때의 일이다.

기억이 시작되는, 부터라면 종아리께는 왔을 때일 것이다. 찰박찰박 뛸 때마다 경쾌한 물소리가 났다. 물방울이 튀어 얼굴까지 닿는 것도 좋았다. 얼굴로 삶의 감촉을 미리 맛보는 일은 가슴 설렌다. 그래서인지 나는 자주 뛰었다. 걷는다는 것이 자꾸만 그래졌다. 뒤처져 뭉그적대는 시간을 재촉해 불러 젖혀야 했다. 더 앞에는 뭐가 있을까. 온몸이 잠길 쯤엔 뭘 더 할 수 있을까. 숨 막힐 듯 생에게 안긴 기분은 얼마나 충만할까. 그 기대로 뛰다 보니 생이 사타구니까지 차오른 줄도 몰랐다.

생은 공연히 일렁거렸다. 부러 그런 것은 아니었으나 그 바람에 자주 얼굴이 달아올랐다. 다소 무거워진 걸음에 잘게 뛸 수는 없고 크게 내디느라 다리를 넓게 벌렸으니 내 안의 깊고 보드라운 곳까지 건드릴 만하였다. 황급히 허벅지를 모아 꼬았으나 그럴수록 생은 더 깊이 빨려 올라갈 따름이었다. 아랫배가 뜨거워지고 온몸에 힘이 빠지는 듯도, 구석구석 힘이 차오른 듯도 하였다. 새

생이 잉태되는 순간이었다.

배가 불러올수록 나는 내 안의 물과 함께 둥실거렸다. 발이 땅에 닿지 않는 황홀한 판타지를 살 수 있었다. 일터에서도 가정에서도 생기를 재확산한 나의 쓸모가 증명된 덕이었다. 생의 후사를 수태함으로써 나는 비로소 생의 정실로 인정받고 엉덩이까지 떠받친 보살핌을 받았다. 마침내 어린 생이 내 좁은 산도를 빠져나왔을 때 나는 잠시 혼절하였다가 이내 몸을 곧추세워 다시 걸음을 시작했다. 새로 걸음마를 배우는 듯하였다. 요추 다섯 개가 조금씩 다 이지러졌지만 조심스레 한 발씩 내디뎠다. 이제 이 방법이 몸에 좀 익는가 했더니 어느덧 생이 허리까지 차오른 지점까지 와버린 것이다.

한쪽 무릎을 들어 올리는 데만도 힘이 든다. 어디론가 쓸려갈까 두렵다. 내키는 대로 포르르 쫓아가 호기심과 사명감을 만족시킨 뒤 총총 제자리로 돌아오던 일도 전처럼 하기 어렵다. 그 때문에 몸보다 마음이 무겁다. 겁쟁이가 된 것만 같다.

중심을 잃고 쓰러지거든 최대한 벌떡 일어난다 해도 넘어졌던 그 자리에 다시 설 순 없으리라. 짜고 걸쭉한 물도 퍽이나 마셔야 할 테지. 눈으로 코로 귀로 들어간 것을 닦아내고 토해내고 풀어내도 나는 전과 같을 수 없을 것이다. 누군가 용케 내 손을 잡아준다 해도, 값비싼 보조기 덕을 조금 본다 해도 뭐가 있을지 모를 저 너머 지평선에 가 닿는 일은 온전히 나의 몫이므로 나는 만전을 기해 가다 서다 한다. 앞서 눈길 한 번 주지 않는 시간의 뒤통수가 태연해 공연히 서럽다.

원래가 물이 배꼽쯤을 넘어서면 균형을 잡을 수 없다는데. 그때부터는 순리에 맞춰 생에 몸을 맡기고 유영하는 법을 배워야 한다던데. 나를 만드신 어버이가 배꼽점을 찍어 그 일리를 이르고자 하였으나, 아아 아버지! 나는 아직도 내 다리로 내 원대로 걸어 나가고 싶나이다. 쓰러져 허우적대는 나를 어머니가 또 일으켜 주실 것을 믿나이다.

그 고집을 부리느라 기진맥진 복근운동을 한다. 애걸

하는 자세로 한 쪽 무릎을 꿇고 리버스 런지도 한다. 무릎 하나, 발바닥 하나만 지구에 대고 내 무게만큼의 중력을 끌어올린다. 배꼽 주변으로 복부에 선을 새긴다. 그림 같은 여섯 면까지는 아니더라도 크게 둘이나 네 개의 네모가 만들어진다. 이렇게 기어코 써낸 각서를 보여드리고 나는 코어 근육에 힘 실어 한 걸음씩 내딛는다. 물길에 떠밀려 다니는 짓은 배꼽 주변에 이 황칠조차 못 할 때에나 하고 싶다.

그러나 언젠가는 해야 할 일. 자유의지를 내려놓고, 허술한 존엄성마저 내려놓고 물길 따라 쓸려 다니는 순한 물고기가 되리니. 떼 지은 나와 우리의 와글거리는 물장구가 조물주의 발끝을 간질여 웃게 해드리길. 기억나지 않는 어린 날에 내가 젊은 부부에게 그러하였듯, 마지막 얼마간의 기억 못 할 시간은 그분께 어여쁜 움직임으로만 반짝이길 소망한다.

아직은 디딘 곳 조개껍질에 발을 베고, 온몸으로 용쓰느라 며칠씩 앓고, 속절없이 움푹 패인 곳에서 정신 잃고 헤매가며 내 마음 가자는 대로 걷는다. 밤마다 다리가 아프다.

아가미 생길 자리에 반듯반듯 주름이 지고 있다.

소란하게

초판발행 2024년 7월 16일

지은이 최아란
펴낸이 신지원
펴낸곳 도서출판 소소담담
등 록 2015년 10월 7일(제2017-000017호)
주 소 대구광역시 북구 호국로43길 7-19
전 화 053-953-2112

ISBN 979-11-94141-01-3 (02810)